# Ideologias Políticas Contemporâneas

# Ideologias Políticas Contemporâneas

MUDANÇAS E PERMANÊNCIAS

**2014 • Reimpressão**

Organização
João Cardoso Rosas
Ana Rita Ferreira

IDEOLOGIAS POLÍTICAS CONTEMPORÂNEAS
MUDANÇAS E PERMANÊNCIAS
ORGANIZAÇÃO
João Cardoso Rosas
Ana Rita Ferreira
EDITOR
EDIÇÕES ALMEDINA, S.A.
Rua Fernandes Tomás, nºs 76-80
3000-167 Coimbra
Tel.: 239 851 904 · Fax: 239 851 901
www.almedina.net · editora@almedina.net
DESIGN DE CAPA
FBA.
PRÉ-IMPRESSÃO
EDIÇÕES ALMEDINA, SA
IMPRESSÃO E ACABAMENTO
DPS - DIGITAL PRINTING SERVICES, LDA
Fevereiro, 2014
DEPÓSITO LEGAL
354972/13

GRUPOALMEDINA

BIBLIOTECA NACIONAL DE PORTUGAL – CATALOGAÇÃO NA PUBLICAÇÃO

IDEOLOGIAS POLÍTICAS CONTEMPORÂNEAS
Ideologias políticas contemporâneas / org.
João Cardoso Rosas, Ana Rita Ferreira

ISBN 978-972-40-5051-5

I – ROSAS, João Cardoso
II – FERREIRA, Ana Rita

CDU 321

# ÍNDICE

# Introdução
# Mudanças e Permanências na Linguagem Ideológica Contemporânea

JOÃO CARDOSO ROSAS*

Não existe ação política sem ideologia. A ideologia política não é algo de opcional, uma coisa que podemos ter ou não, à qual podemos renunciar em nome do pragmatismo ou da tecnocracia. Esse mesmo pragmatismo ou tecnocracia é sempre uma forma de ideologia não assumida. Aliás, os discursos que rejeitam explicitamente a ideologia são, não raro, os mais dogmáticos de todos, aqueles em que a ideologia está mais enquistada enquanto falsa consciência da realidade. Dito isto, convém explicitar o que se entende aqui por ideologia política – só assim poderemos compreender verdadeiramente a sua inevitabilidade.

Os seres humanos são produtores de sentido, isto é, vivem num mundo com significados que eles próprios constroem. Diferentemente da idiossincrasia individual, ou até da filosofia, a ideologia é, como diria Durkheim, uma "representação coletiva". É uma forma de interpretar o mundo, de lhe dar um significado, que é partilhada por largos grupos humanos, por vezes por sociedades inteiras. Esta é uma aceção alargada de "ideologia", podendo englobar uma dimensão política, mas também dimensões religiosas, estéticas, morais, etc.

* Professor Associado de Filosofia Política na Universidade do Minho.

A ideologia / representação colectiva que aqui nos interessa é de carácter político. Isto é, aquela que serve aos seres humanos para dar sentido e, até certo ponto, orientar a ação no que diz respeito ao domínio do Estado, da lei e da governação. É possível percorrer o modo como a ideologia política se desenvolveu na Europa, em torno das diferentes configurações da comunidade política na nossa história, desde a cidade-estado ao império, do sistema feudal, ou senhorial, ao Estado-nação moderno e tendencialmente centralizado. Mas é no contexto contemporâneo que a ideologia ganha maior visibilidade na medida em que nele se torna necessário, em cada sociedade, falar de ideologias políticas no plural e já não no singular. É este o enquadramento que nos interessa aqui.

O uso das ideologias políticas, no plural, só ganha verdadeiramente sentido no quadro do constitucionalismo moderno, emergente nos séculos XVII e XVIII, na Europa e na América. Os regimes constitucionais surgem como uma resposta do Estado-nação moderno a um tipo de pluralismo, o pluralismo religioso que se forma na Europa – e é depois exportado para a América – na sequência da Reforma. Depois das perseguições e das guerras de religião, a tolerância surge como uma resposta prática que permite a paz e a estabilidade social nas fronteiras do Estado. O constitucionalismo moderno, ao garantir as liberdades individuais, desde logo a liberdade de consciência e de religião, e ao escrevê-las numa lei fundamental, estabelece esse regime de tolerância e torna possível a convivência entre perspetivas religiosas diferentes ao longo do tempo. Mas a instituição desses regimes livres não podia deixar também de gerar o surgimento de perspetivas diferentes sobre o próprio Estado, a lei e a governação, ou seja, de diferentes ideologias políticas.

Porém, a característica fundamental da modernidade política não consiste apenas no surgimento de mais do que uma ideologia em competição, tal como já existira noutros momentos de contestação ou de rutura social, de concorrência entre monarquia e república, oligarquia e democracia, ou outras modalidades de organização da vida coletiva. Aquilo que os regimes constitucionais modernos trazem consigo é uma espécie de *establishment* do pluralismo ideológico. Este passa a ser, por assim dizer, oficial. Não há regime constitucional digno desse nome sem pluralismo e sem que esse pluralismo político-ideológico seja aceite e regulado. As diferentes ideologias políticas formam-se mesmo antes do surgimento de partidos altamente organizados como aqueles que conhecemos atualmente. Ou seja, neste caso a ordem das ideias antecipa a realidade dos grupos organizados de indivíduos que visam conquistar o poder e mantê-lo, dentro das regras do regime constitucional, ou até procurando subvertê-las, e a que chamamos "partidos políticos".

* * *

É precisamente no quadro do constitucionalismo moderno, no pós-revolução francesa e instauração de regimes constitucionais na Europa e na América, que nascem os diversos "ismos" que associamos hoje às ideologias políticas: o liberalismo, o conservadorismo e o socialismo, nos seus diversos e múltiplos avatares. Falaremos mais adiante destes "ismos", aos quais se dedica grande parte este livro. Mas convém antes de mais chamar a atenção para o facto de existir uma outra forma, aparentemente mais simples, de mapear o pluralismo político-ideológico emergente com o constitucionalismo moderno: referimo-nos à distinção entre esquerda e direita.

A distinção entre a esquerda e a direita antecipa o pluralismo mais complexo que o mapa conceptual das ideologias políticas contemporâneas permite formar. Esta distinção surge no decurso da revolução francesa. Quando os Estados Gerais de 1789, convocados pelo rei Luís XVI, decidem transformar-se em Assembleia Nacional Constituinte, os representantes do povo e do clero e, depois, também os da aristocracia que a eles se juntam, sentam-se na sala de acordo com as suas afinidades políticas. Aqueles que ficam sentados mais à esquerda – em relação à mesa da assembleia – são os que se opõem ao veto legislativo do rei. Os que se sentam à direita são os apoiantes do veto legislativo do rei[1].

A dicotomia entre esquerda e direita está aqui lançada, mas virá a tornar-se sistemática apenas alguns anos mais tarde, na França da Restauração, já depois de 1815. Neste contexto, a esquerda representa claramente a nova França e a direita a velha França. A esquerda é liberal e a direita ultrarrealista. Mas é também neste contexto que se afirma um "centro", o que sugere que a dicotomia esquerda/direita pode transformar-se facilmente numa tricotomia, ou então em algo um pouco mais complexo, abar-

[1] Para esta transformação da topografia política entre os Estados Gerais e a Assembleia Nacional Constituinte, ver Laponce, J. A., *Left and Right: The Topography of Political Perceptions*, Toronto, University of Toronto Press, 1981, cap. 3.

cando um centro-esquerda, um centro-direita, uma extrema-esquerda, uma extrema-direita. A linguagem dicotómica da esquerda e da direita encerra pois mais possibilidades do que pareceria à partida. É como se os termos do discurso político se tornassem, por assim dizer, elásticos, para poderem dar conta do pluralismo inerente aos regimes constitucionais[2].

Note-se que a distinção entre esquerda e direita – bem como a sua complexificação –, tendo embora uma génese local, vai transformar-se numa linguagem universal. Onde quer que haja um regime pluralista, na Europa e nas Américas, mas também noutras paragens, surgem sempre uma esquerda e uma direita. A divisão entre esquerda e direita é a via mais evidente para uma certa simplificação cognitiva da pluralidade. Além disso, ela reproduz esquemas mentais e simbólicos ancestrais, ainda que hoje em dia esquecidos, segundo os quais a direita está com o poder estabelecido e a esquerda contra ele, a direita é associada à retidão e à destreza, enquanto a esquerda é olhada como desastrada ou funesta (as línguas modernas ainda refletem isto mesmo e por isso a direita é *right*, *droite*, *destra*, enquanto a esquerda é *left*, *gauche*, ou mesmo *sinistra*)[3].

Uma questão diferente da profundidade simbólica e da utilidade cognitiva da distinção é a do seu conteúdo substantivo. Ou seja, podemos pensar que a distinção entre esquerda e direita se esgota numa utilização prática dos termos, para apontar os amigos e os inimigos políticos, mas que não tem nenhum conteúdo fixo nos diferentes regimes constitucionais e pluralistas em que é usada. Estar contra ou a favor da ordem existente não permite a fixação de um significado permanente na medida em que essa mesma ordem é mutável.

Para ilustrar isso mesmo, podemos voltar a introduzir a linguagem dos "ismos" que, desde o início do século XIX e até aos nossos dias, se tornou especialmente comum no debate político. As próprias palavras em causa – conservadorismo, liberalismo, socialismo – surgem, com o sentido genérico que ainda agora lhes atribuímos, nas primeiras décadas de oitocentos. Ao contrário do que se possa pensar, o conservadorismo é uma

[2] Para a evolução da dicotomia em França, ver Gauchet, Marcel, "La Droite et la Gauche", in Nora, Pierre (dir.), *Les Lieux de Mémoire III : Les France. 1. Conflits et Partages*, Paris, Gallimard, 1992, pp. 395-419.

[3] Cf., por exemplo, Lukes, Steven, "Epilogue: The Grand Dicothomy of the Twentieth Century", in Ball, Terence and Bellamy, Richard (eds.), *The Cambridge History of Twentieth-Century Political Thought*, Cambridge, Cambridge University Press, 2003, p. 607.

visão política distintamente moderna, na medida em que não seria compreensível senão como reação face às revoluções liberais que instituem o constitucionalismo moderno e às suas origens intelectuais, ou seja, o pensamento da Ilustração (daí que as versões mais radicais do conservadorismo sejam consideradas, a justo título, "reacionárias"). O liberalismo, por seu turno, identifica-se precisamente com essa modernidade e com a afirmação das liberdades, especialmente na esfera económica, assim como com a necessidade de moderar e controlar o poder estatal, contra o absolutismo monárquico. Finalmente, o socialismo desenvolve-se com uma preocupação crescente face à situação das classes trabalhadoras num quadro de industrialização – a chamada "questão social" –, vincando a relevância da instância coletiva, do "social", face ao puramente "individual" e que seria a marca do liberalismo.

Mas onde poderemos situar estas ideologias no eixo horizontal constituído pela dicotomia esquerda / direita? De uma forma puramente esquemática, podemos distinguir quatro fases na evolução política europeia[4]. Numa primeira fase, correspondente a uma boa parte do século XIX, a parte esquerda da dicotomia é ocupada pelas ideias liberais, enquanto a direita é representada pelo pensamento conservador. Neste contexto, a esquerda é o lado favorável ao mercado livre e a um Estado mais fraco, o lado mais igualitário em termos sociais, contrário aos privilégios do Antigo Regime, embora não igualitário em termos económicos. Em muitos casos, embora nem sempre, os liberais favorecem a mudança, a democracia, a república, o anti-clericalismo. A direita, pelo contrário, pretende um Estado mais forte e é anti-igualitária em termos sociais, não apenas económicos, favorecendo as hierarquias tradicionais, ainda que associadas ao princípio *noblesse oblige*. Os conservadores são quase sempre os defensores da ordem, da tradição, da monarquia e da religião estabelecida.

Numa segunda fase, que abarca ainda o século XIX e se prolonga no início do século XX, as ideias socialistas desenvolvem-se e ganham proeminência social, passando a ocupar o lado esquerdo do eixo horizontal. Os socialistas trazem consigo uma visão mais fortemente igualitária, que se prolonga no igualitarismo social, na recusa dos privilégios e no

[4] Para as três primeiras fases, ver Lukes, Steven, *op. cit.*, e Lipset, Seymour Martin, "Esquerda e Direita: O Conflito Ideológico do Século XX", in Espada, João Carlos *et alt.* (coords.), *Direita e Esquerda? Divisões Ideológicas no Século XXI*, Lisboa, Universidade Católica Editora, 2007, pp. 11-18.

igualitarismo económico. Além disso, os socialistas são também críticos do mercado livre, ou até contrários a ele, por considerarem, ao contrário dos liberais, que este é o responsável pela exploração e pela desigualdade por ela produzida. Neste contexto, os conservadores mantêm-se firmes à direita, mas os liberais são "empurrados" para o centro, por vezes quase desaparecendo, ou então sendo absorvidos por um dos lados, consoante esse liberalismo ganhe uma tendência mais socializante, ou mais tradicionalista.

Uma terceira fase nesta visão esquemática corresponde a meados do século XX e àquilo que se costuma chamar "a era dos extremos". Trata-se do momento em que as ideias extremistas e contrárias à manutenção do espetro constitucional e do pluralismo político-ideológico parecem predominar. Assim, temos, do lado esquerdo, a ascensão do comunismo enquanto ideologia contrária ao regime constitucional "burguês", ou populismos autoritários como o Peronismo e, do lado direito, a ascensão dos autoritarismos conservadores (de que é exemplo o salazarismo) e do próprio nazi-fascismo[5]. Embora, como sabemos, estes extremismos tenham muitas vezes coincidido temporalmente com as visões ideológicas não extremistas e conciliáveis com o pluralismo constitucional, elas acabaram muitas vezes por triunfar, pelo menos momentaneamente, inviabilizando durante anos, ou durante décadas, a própria possibilidade de uma linguagem política pluralista e o tipo de experiência política e social que ela preconiza e espelha.

Note-se que o cruzamento do eixo esquerda / direita com as ideologias extremistas é preconizado por autores como Lipset, mas não deixa de levantar alguns problemas. Este cruzamento é certamente mais adequado para as ideologias constitucionais e democráticas do que para os extre-

[5] Lipset sugere, de forma provocatória, que o nazi-fascismo seria mais adequadamente considerado um "extremismo do centro" do que como um "extremismo da direita". Os argumentos a favor desta tese são basicamente dois: em primeiro lugar, a base social de apoio do nazi-fascismo coincide com a do liberalismo (as classes profissionais, os trabalhadores de colarinho branco, os pequenos comerciantes e industriais); em segundo lugar, o nazi-fascismo reproduz *alguns* elementos da ideologia liberal, como o anti-clericalismo e o repúdio do tradicionalismo, a oposição aos sindicatos, mas também ao grande capital. Se Lipset tem razão, o nazi-fascismo deve ser considerado um centro por detrás do centro, uma espécie de "negativo" do lugar central ocupado pelo liberalismo, enquanto os autoritarismos mais tradicionais ocupam a extrema-direita (e.g., salazarismo) ou a extrema-esquerda (como os populismos autoritários de esquerda na América Latina) (cf. Lipset, Seymour Martin, *op. cit.*).

mismos, na medida em que é num contexto pluralista que esta linguagem ganha sentido. Ainda assim, a sua aplicação aos extremismos recorda-nos – o que talvez não seja pouco – que estes são produzidos no próprio interior dos regimes pluralistas. Ou seja, os extremismos crescem a partir da contestação interna a esses regimes e essa contestação tanto pode ser encontrada à direita como à esquerda do espetro constitucional. Aliás, uma forma alternativa e bem conhecida de representar as direitas e esquerdas extremistas e anti-constitucionais consiste em introduzir um segundo eixo vertical, cruzado com o eixo horizontal. Neste esquema bi-dimensional o eixo vertical encontra-se entre o polo da autoridade e o polo da liberdade. Assim, as ideologias que se aproximam das visões autoritárias ou mesmo totalitárias podem ser colocadas na parte de cima do esquema, no quadrado superior esquerdo ou no quadrado superior direito. Pelo contrário, as ideologias compatíveis com o sistema de liberdades do constitucionalismo moderno, incluindo as liberdades políticas, podem ser colocadas na parte inferior, no quadrado inferior esquerdo ou no quadrado inferior direito[6]. Mas deixemos agora a questão dos extremismos, para considerar uma outra fase.

Depois da segunda guerra mundial, nos países que mantiveram o pluralismo político, ou que o foram reconstituindo ou instituindo, deparamos com uma quarta fase, na qual tanto o socialismo como o conservadorismo parecem tornar-se mais moderados, aproximando-se, eventualmente, de um centro liberal. Nesse sentido, o socialismo prevalecente nas democracias do pós-guerra é mais liberal e o conservadorismo que prevalece entra também em síntese com o liberalismo ou, mais especificamente, com a sua vertente económica e de mercado. Mas é claro que este centro-esquerda e este centro-direita predominantes continuam a conviver com versões mais radicais, de um e do outro lado do espetro.

A sequência de quatro fases aqui esquematizada é, como se disse acima, europeia e não tem exatamente o mesmo formato noutras paragens. Pense-se no caso dos Estados Unidos. Neste país, os "liberais" continuam a estar à esquerda, enquanto os conservadores ocupam, como seria de esperar, a direita. Isto deve-se ao facto de o socialismo nunca ter tido sucesso nos

[6] Este esquema, hoje em dia popularizado pelo teste do "Political Compass" – ver www.politicalcompass.org –, foi introduzido na obra de Eysenk, Hans, *The Psychology of Politics*, London, Routledge, 1954.

Estados Unidos e, portanto, nunca ter "empurrado" o liberalismo para o centro. No entanto, os "liberais" americanos mudaram muito, sobretudo a partir dos anos trinta do século XX, da Grande Depressão e do *New Deal*. Foi só a partir daí que os "liberais" americanos passaram a ser partidários do *big government*, trocando posição com os conservadores que só então passaram a defender o *small government* (antes disso, os liberais eram pelo Estado fraco e os conservadores pelo Estado forte)[7]. Estas especificidades da história política americana previnem-nos em relação à aplicação taxativa do outro lado do Atlântico das nossas próprias categorias políticas.

A variabilidade contextual, no tempo e no espaço, do significado da esquerda e da direita quando cruzado com a diversidade das grandes ideologias contemporâneas, obriga-nos a encarar de novo a interrogação deixada em aberto mais acima: afinal de contas, a distinção entre esquerda e direita é puramente formal, ou tem um conteúdo substantivo mínimo e permanente, apesar das mudanças que também conhece? Esta questão gerou alguns debates especialmente interessantes, nos quais é de salientar a influente contribuição de Norberto Bobbio[8].

Bobbio sugere que existe um critério analítico, independente das nossas valorações pessoais, que diferencia sempre a esquerda da direita nos diferentes contextos históricos em que a dicotomia surge. A esquerda e a direita, segundo o autor, têm atitudes distintas em relação à igualdade. Nos diferentes contextos, a esquerda é mais igualitária e a direita menos. Isto não significa que a direita não seja nunca igualitária em alguns aspetos, ou que a esquerda o seja sempre em todos os aspetos. Por exemplo, a direita defende muitas vezes a igualdade perante a lei, mas nesses mesmos contextos a esquerda tende a ir mais longe e defender, por exemplo, modalidades de igualdade económica. Mas a esquerda não tem de ser estritamente igualitária – e geralmente não é – podendo admitir algumas desigualdades produzidas pelo mercado, por razões de eficiência ou até em nome de outros valores (como as liberdades individuais). Em todo o caso, a atitude distinta diante da igualdade, com a esquerda a ser mais igualitá-

[7] Cf. Lipset, Seymour Martin, *op. cit.* O próprio Lipset, entre outros, procurou explicar de forma aprofundada a "diferença" americana, nomeadamente em Lipset, S. M., e Marks, Gary, *It Didn't Happen Here: Why Socialism Failed in the United States*, Nova Iorque, Norton, 2000.

[8] Ver Bobbio, Norberto, *Destra e Sinistra: Ragioni e significati di una distinzione politica*, Roma, Donzelli Editore, 2ª ed., 1999 (trad. port. 1ª ed., *Direita e Esquerda: razões e significados de uma distinção política*, Lisboa, Presença, 1995).

ria e a direita menos, será o elemento permanente desta dicotomia política. Quando estão em causa questões tão diversas como a distribuição da riqueza, o direito de voto das mulheres, os direitos das minorias sexuais, os direitos dos imigrantes, etc., a esquerda tende a ser mais igualitária e a direita menos.

O exercício de colocação das grandes ideologias, dos "ismos", no eixo esquerda-direita pode, assim, ser visto como indicando a sua maior ou menor propensão relativa para a igualdade, para os aspetos que ela deve abarcar, para os critérios que a definem, para o número de indivíduos a incluir na esfera da igualdade. Em conformidade, num determinado contexto, o liberalismo está à esquerda porque é mais igualitário do que o conservadorismo mas, num outro contexto, é possível que o liberalismo se coloque ao centro ou na direita, na medida em que um maior igualitarismo, por exemplo um igualitarismo extensivo a mais aspetos e abarcando mais pessoas, é defendido pelo socialismo que passa a ocupar a esquerda.

No entanto, há quem rejeite liminarmente a associação das ideologias a uma qualquer linha de continuidade entre a esquerda e a direita, representável mediante um simples segmento de reta horizontal. É o caso de Michael Freeden e da sua visão de uma análise morfológica das ideologias, aparentemente incompatível com a ideia de que as ideologias existiriam num *continuum*, entre uma esquerda e uma direita[9].

Freeden defende, tal como temos sugerido aqui, que há três macro-ideologias contemporâneas: o socialismo, o liberalismo e o conservadorismo. Estes paradigmas ideológicos têm conjuntos de conceitos nucleares que os definem, como a crença na liberdade individual do liberalismo, a paixão pela igualdade social do socialismo, ou a ansiedade face à mudança histórica típica do conservadorismo. Mas é incorreto reduzi-las a um único conceito simplificador. As macro-ideologias são internamente complexas e, para além de diversos conceitos nucleares nem sempre facilmente conciliáveis, englobam conceitos adjacentes e periféricos que as adaptam às diferentes circunstâncias históricas.

Além disso, a visão morfológica combina a análise das macro-ideologias com uma análise micro-ideológica dos diversos segmentos e módulos que

[9] Para a explicação da análise morfológica, ver Freeden, Michael, *Ideologies and Political Theory: A Conceptual Approach*, Oxford, Clarendon Press, 1996 e, pelo mesmo autor, *Ideology: A Very Short Introduction*, Oxford, Oxford University Press, 2003.

não constituem ideologias autónomas e concorrentes face às três grandes, mas que desempenham em papel indesmentível na vida política. É o caso das ideologias eventualmente contidas dentro de paradigmas mais vastos, como o neoliberalismo para o liberalismo, a democracia-cristã para o conservadorismo ou o comunismo para o socialismo (pense-se no comunismo na sua versão atual, ou seja, como ideologia adaptada ao jogo democrático e já não totalitária). É também o caso das ideologias transversais, como o nacionalismo e o ecologismo, por exemplo, que podem associar-se a qualquer uma das macro-ideologias em cenários políticos concretos. Assim, uma análise do pluralismo ideológico descentrada face à dicotomia esquerda / direita e focada na diversidade macro e micro-ideológica oferece necessariamente um mapa mais diversificado e complexo do pluralismo constitucional contemporâneo.

* * *

No entanto, neste livro aceita-se uma abordagem mista que tanto permite falar de esquerda e direita, como quando se usa as expressões "esquerda radical", ou "direita conservadora", como a abordagem macro-ideológica visando a caracterização do socialismo, do liberalismo e do conservadorismo, como ainda a incursão pela micro-ideologia, como quando se dedica capítulos próprios ao socialismo democrático, ao comunismo e à "esquerda radical", todos eles variações do paradigma socialista (no último caso, com uma componente libertária). O nosso interesse aqui é o de compreender a realidade ideológica do mundo em que vivemos, e que em grande parte herdámos, como um mundo pluralista e que forjou, ao longo do tempo, as categorias conceptuais que permitem a sua auto-compreensão: direita, esquerda, liberalismo, socialismo, comunismo, etc.

Neste ponto, é de salientar que foram deixadas de fora diversas formas micro-ideológicas que, segundo pareceu aos organizadores, teriam menos interesse para o público português[10]. A ideologia transversal mais claramente candidata a constar também deste livro seria, porventura, o

[10] É mais frequente encontrar, neste tipo de obras dedicadas à ideologia política, uma listagem de formações ideológicas mais ou menos importantes, não destacando as mais relevantes no quadro constitucional democrático, nem mesmo as mais influentes no contexto nacional em que essas obras são produzidas. Ver, entre os vários exemplos disponíveis em língua inglesa, Vincent, Andrew, *Modern Political Ideologies*, Oxford, Blackwell, 1995 e, como exemplo em

nacionalismo. Mas o facto de poder existir um nacionalismo socialista, ou liberal, ou conservador, torna-a menos relevante para uma primeira caracterização do mapa ideológico do pluralismo contemporâneo. Além disso, ela é certamente menos relevante, senão irrelevante, para um politólogo ou cidadão português (o que o não aconteceria na nossa vizinha Espanha, como é óbvio). Outra ideologia candidata a conquistar um capítulo nesta obra – mas que dela não consta – seria o ecologismo. Porém, o seu carácter transversal fá-la surgir entre nós tanto à esquerda, na companhia da esquerda radical ou do comunismo, como à direita, especialmente na companhia do conservadorismo. Em todo o caso, uma das características da ideologia "verde" ao longo das últimas décadas – e não só entre nós – foi a de ser, em geral, absorvida por todas as outras formas ideológicas que a adotaram como complemento.

As formações ideológicas porventura mais relevantes e influentes na sociedade portuguesa associam-se, de forma explícita ou implícita, às diversas forças políticas em presença. Com efeito, qualquer observador da política portuguesa relaciona facilmente cada uma das ideologias aqui tratadas – esquerda radical, comunismo, socialismo democrático, liberalismo e conservadorismo – aos principais partidos representados no espetro parlamentar. No entanto, não existe, nem entre nós nem alhures, nenhum sistema simples de equivalências entre ideologias e partidos políticos. Os partidos invocam sempre alguma ideologia, mas é também frequente invocarem mais do que uma e nem sempre as mais óbvias.

Por exemplo, na esquerda portuguesa o PCP invoca de forma clara o comunismo e o PS o socialismo democrático mas, neste último caso, por vezes em combinação com elementos do liberalismo (e da tradição republicana). O Bloco de Esquerda é facilmente associado à "esquerda radical", mas esta expressão nem sempre é aceite em termos de auto-identificação. Na direita, a questão é ainda mais complexa. O CDS, talvez enganadoramente nomeado como partido do "Centro", invoca por vezes o conservadorismo em geral, mas mais amiúde a versão católica da doutrina conservadora que é a democracia-cristã. Mas parte do CDS gosta também de invocar uma filiação liberal. O PSD, aparentemente o mais descaracterizado dos partidos políticos portugueses, hoje em dia é geralmente

língua espanhola, Antón Mellón, Joan (ed.), *Ideologias y Movimientos Políticos Contemporâneos*, Madrid, Tecnos, 2006.

conotado com o liberalismo, ou com uma síntese entre este e um conservadorismo social-cristão. Mas o seu nome presta-se a equívocos porque ostenta a "social-democracia" que, em termos europeus, é apenas uma outra expressão para o socialismo democrático (o que, a ser verdade, tornaria este partido ideologicamente idêntico ao PS).

Em todo o caso, as ideologias tratadas nesta obra traçarão com certeza um retrato razoavelmente completo das invocações ideológicas mais frequentes entre nós. As escolhas feitas pelos organizadores visaram precisamente ir ao encontro da realidade política nacional. Passaremos agora a apresentar, de forma breve, as diferentes formações ideológicas aqui em análise.

No primeiro capítulo, dedicado à ideologia da "esquerda radical", Miguel Cardina e José Soeiro confrontam-se com o problema central da caracterização deste paradigma: a sua heterogeneidade. Apesar de algumas das suas referências teóricas e práticas poderem mergulhar no início da modernidade política, a partir do final do século XVIII – como é o caso para as restantes ideologias -, a verdade é que a esquerda radical se constitui enquanto tal apenas em tempos recentes, a partir da década de sessenta. Mas, neste curto lapso histórico, ela acumulou fontes de inspiração: as teorias críticas de origem marxista, mas em rutura com a ortodoxia comunista; os movimentos de contracultura; a crítica da autoridade e do poder no pensamento francês; as ideias alterglobalistas, etc. A agenda da esquerda radical nas ruas de Paris, em 68, ou no Fórum de Porto Alegre, em 2002, foi mudando com os tempos, mas algumas ideias permaneceram e reforçaram-se: a insistência no valor da participação política, o anti-imperialismo, o internacionalismo, o ataque ao neoliberalismo e à globalização capitalista, etc.

No capítulo dedicado ao comunismo, João Valente Aguiar analisa esta ideologia enquanto inseparável, em termos teóricos, do marxismo e, em termos práticos, do movimento proletário. Não é possível resumir aqui a sua análise cuidada dos textos de Marx, Engels e também Lenine, mas pode-se enfatizar a importância dada aos temas centrais da luta de classes, da política das classes exploradas e do papel do Estado como instrumento de classe. No entanto, o autor deste capítulo procura sobretudo relacionar esse aparato teórico com as lutas concretas dos trabalhadores. Uma coisa não existe sem a outra e elas influenciam-se mutuamente. A transformação social é possível mediante esta dialéctica entre a teoria marxista – que não é estática – e as lutas dos trabalhadores. Parece por isso haver elementos estruturais de permanência na ideologia comunista (uma analítica das classes e do Estado), mas também uma aprendizagem empírica, uma vez que o processo histórico não está pré-determinado. Nesta versão atualizada e crítica do comunismo, as categorias teóricas funcionam como instrumentos analíticos e não como previsões históricas.

No capítulo sobre "socialismo democrático", Ana Rita Ferreira demonstra que o revisionismo de Eduard Bernstein face ao marxismo contém já muitos dos elementos doutrinais e políticos que permanecem até aos nossos dias, passando pela influência do socialismo inglês e por um outro revisionismo, o de Crosland, já em meados do século XX. A social-democracia europeia sempre pretendeu atacar as desigualdades sociais, mas no quadro da democracia representativa e não em rutura com ela. Um aspeto particularmente interessante do capítulo dedicado ao socialismo democrático é a análise da chamada "terceira-via" de Anthony Giddens e do *New Labour* de Tony Blair. Este parece desviar-se claramente da tradição social-democrata, numa aproximação excessiva ao neoliberalismo de Thatcher e dos seus continuadores. Mas caberá ao leitor decidir se esta mudança no modelo do socialismo democrático é bem-vinda, ou se, pelo contrário, o que agora se impõe é um retorno, ou uma renovação, da tradição social-democrata europeia tal como foi desenvolvida até ao triunfo, pelo menos em alguns países, da "terceira via".

No capítulo dedicado ao "liberalismo" Orlando Samões assume sem complexos a herança das práticas políticas de Thatcher e Reagan, reconhecendo-lhes um esforço de aproximação ao paradigma liberal que, no entanto, ele vê melhor realizado na Inglaterra Vitoriana. Segundo o autor deste capítulo, o liberalismo tem um núcleo básico de ideias permanentes, incluindo o respeito pela liberdade individual como não-intromissão por parte do Estado, a importância dos direitos ditos "negativos", a existência de um sistema de regras iguais para todos, a desconfiança face ao poder estatal, a defesa de mercados não regulados, as virtudes individuais associadas ao bom funcionamento desses mercados. Mas Samões não defende a nulidade do Estado. Filiando o liberalismo sobretudo nas ideias desenvolvidas pelo Iluminismo Escocês (Adam Smith) e pela Escola Austríaca (Ludwig von Mises, Friedrich Hayek), considera as versões mais radicais do anarco-capitalismo como uma espécie de desvio interno em relação ao verdadeiro liberalismo. O liberalismo é pois apresentado aqui como uma espécie de ideal-tipo teórico formado nos séculos XVIII e XIX, atualizado no século XX, e mantendo hoje em dia o seu apelo para os amigos da liberdade, pelo menos na forma estrita como o liberalismo a entende.

No último capítulo, o "conservadorismo" é tratado por José Tomaz Castello-Branco como uma espécie de ideologia anti-ideológica. Essa característica parece, com efeito, ser permanente na forma como o conservadorismo se concebe a si mesmo, desde Edmund Burke até Roger Scruton. Por isso se opõe às visões que considera excessivamente "ideológicas", isto é, abstratas e construtivistas, quer do individualismo liberal, quer do coletivismo socialista. Estas ideologias são filhas das Luzes e da crença no progresso e é precisamente a essas ideias que o conservadorismo se opõe. O conservadorismo pretende olhar o homem como ele é, "radicalmente situado", na família, na comunidade concreta e histórica, enfim, na tradição. Para além destas permanências do pensamento conservador, o autor deste capítulo procede a um útil recenseamento de diferentes avatares do conservadorismo no século XX, desde a democracia-cristã, de inspiração católica, às ideias conservadoras do partido *Tory*, no Reino Unido, ou ao neoconservadorismo americano. Porém, o autor demarca-se pessoalmente desta última versão, cujo aspeto ativista ou proselitista se lhe afigura, no fundo, pouco conservador, acabando por defender uma outra, na qual o conservadorismo se conjuga com o pluralismo e a prudência.

Por opção editorial, os investigadores que assinam os diferentes capítulos são, de alguma forma, simpatizantes do paradigma ideológico que procuram descrever, salientando as suas permanências, em conjunto com as inevitáveis mudanças. Desta forma, procurou-se que cada uma das ideologias aqui tratadas fosse apresentada na sua melhor forma possível. As ideologias são sempre parciais, defendem um ponto de vista contra outros, e tentar iludir esse aspeto mediante uma descrição pretensamente neutra seria inadequado para o objeto em análise. Mas é claro que este ponto levanta o problema da "falsa consciência".

Ou seja, uma ideologia tem, em primeiro lugar, um sentido positivo e que tenho procurado relevar nesta introdução, como paradigma mental que dá significado à ação política. Porém, em segundo lugar, a ideologia pode incorrer num sentido negativo, servindo não para iluminar a ação política, mas antes para esconder aquilo que ela verdadeiramente significa. A falsa consciência produz-se sempre que as narrativas ideológicas encobrem os interesses especiais dos próprios agentes políticos, das elites económicas, das classes sociais, ou outros, que elas acabam por servir, ainda que apresentando-se como preocupadas com o bem comum, ou com a sua própria interpretação desse bem comum. A única forma de obviar à falsa consciência consiste em manter algum distanciamento crítico em relação à própria ideologia e às suas expressões discursivas e institucionais

Nos capítulos aqui apresentados é possível que esse distanciamento por vezes não anule a perspetiva interna de cada ideologia. Mas isso é inevitável. A ideologia combina sempre a atitude analítica com a postura *partisan*. Em termos ideológicos, aquilo que dizemos sobre nós próprios e os outros depende do sentido que damos à nossa própria posição ideológica. Mesmo quando procuramos explicitamente um certo distanciamento, aquilo que dizemos tende a ser dito em função do lugar que nós próprios ocupamos no mapa ideológico. Na análise das ideologias não existe um "ponto arquimédico".

Em todas as ideologias tratadas neste livro acentua-se as suas fontes intelectuais. Estas são sempre relevantes e permitem fixar ideias. Com efeito, não teria muito sentido falar de esquerda radical sem mencionar Marcuse ou Negri, por exemplo, ou de comunismo sem falar de Marx, ou de social-democracia sem a referência de Bernstein, ou de liberalismo sem pensar em Hayek, ou ainda de conservadorismo ignorando Burke. Estes e outros autores influenciam determinantemente a articulação destas ideologias mesmo – e este ponto é importante – para a esmagadora maioria que nunca os leu, ou até que nunca ouviu falar nos seus nomes. Dito isto, as ideologias políticas democráticas, enquanto "representações coletivas" participantes na luta pelo poder no quadro do Estado constitucional, alimentam-se também dos contextos históricos particulares, dos programas e das figuras políticas que as invocam, dos seus discursos, dos símbolos e dos hinos, dos cartazes e das palavras de ordem. As ideologias não são ideias "puras", são antes ideias em ação, dando sentido ao combate político, mas também sendo agentes dessa mesma luta. Por isso, os autores analisados em cada um dos capítulos não o são primeiramente em função do seu interesse filosófico ou estritamente intelectual – embora também o tenham –, mas na medida em que fornecem sentido à ação política[11].

[11] Para quem estiver interessado nos aspetos mais intelectualizados e críticos do pensamento político, "para além das ideologias", por assim dizer, ver Rosas, João Cardoso (org.), *Manual de Filosofia Política*, Coimbra, Almedina, 2008.

* * *

Pode parecer paradoxal publicar um livro sobre ideologias políticas contemporâneas num momento histórico, especialmente em Portugal e na Europa, no qual todos os dias ouvimos apelos ao abandono da visão ideológica da política em nome de uma perspetiva pragmática, ou então à declaração pretensamente factual de que as ideologias são um obstáculo à resolução dos nossos problemas (como se existisse apenas uma forma de os resolver). Insistirei agora neste ponto, a partir daqui e até ao final deste capítulo introdutório.

Convém recordar que o tema do fim das ideologias tem sido recorrente pelo menos desde os anos cinquenta e sessenta do século passado. Uma primeira versão da tese do fim das ideologias é aquela que encontramos em Edward Shils e, um pouco mais tarde, em Daniel Bell[12]. Estes autores escrevem em plena "guerra fria" entre o ocidente capitalista e os países socialistas do leste europeu. Mas, face às tensões dos anos trinta e ao conflito mundial dos anos quarenta, essa época parecia já de distensão. Para os defensores da tese do fim das ideologias haveria uma convergência progressiva entre o bloco ocidental e o bloco de leste, motivada pela orientação similar, num lado e no outro, dos interesses dos consumidores. Estes autores anteviam a emergência generalizada e não ideologicamente marcada de uma sociedade voltada para a satisfação individual através do consumo.

Nos anos oitenta, com o final efetivo da "guerra fria", voltamos a encontrar uma perspetiva que aponta para a decadência, ou para a perda de significado, das distinções ideológicas: é a visão de Francis Fukuyama sobre o fim da história[13]. Operando com categorias hegelianas, colhidas no pensamento de Alexandre Kojève, Fukuyama antecipa o fim do processo histórico tal como o conhecemos, marcado por oposições e confrontos, devido ao triunfo global do sistema capitalista e da democracia liberal. Como é óbvio, Fukuyama não pretendia sugerir o final da experiência humana, mas apenas um estado estacionário em termos sociais e económicos, corres-

[12] Cf., em especial, Bell, Daniel, *The End of Ideology: On the Exhaustion of Political Ideas in the Fifties*, Nova Iorque, Collier, 1962.

[13] Cf. Fukuyama, Francis, "The End of History?", in *The National Interest*, Summer 1989, e, pelo mesmo autor, *The End of History and the Last Man*, Nova Iorque, Free Press, 1992 (trad. port. *O Fim da História e o Último Homem*, Lisboa, Gradiva, 1999).

pondente à inexistência de alternativas capazes de confrontarem a hegemonia do modelo capitalista e democrático prevalecente.

O lapso histórico entre estas teses e o nosso tempo permite-nos apreciar a sua inadequação teórica e factual. A emergência da sociedade do consumo não levou ao fim das ideologias uma vez que, precisamente nos anos 60, assistimos a uma particular efervescência ideológica nessas mesmas sociedades, com novos movimentos sociais e o surgimento de novas esquerdas e novas direitas. Também a tese de Fukuyama sobre o fim da história parece desmentida pelo recrudescer da luta ideológica na primeira década do século XXI, não apenas em função de ideologias anti-democráticas de inspiração religiosa, mas também em virtude das tensões internas aos regimes democráticos contra e a favor da globalização liberal, remetendo para uma esquerda radical que contesta a globalização capitalista, ou para a defesa dessa globalização em nome do liberalismo económico, ou ainda para o ressurgimento de nacionalismos conservadores, por exemplo. Apesar dos aspetos atraentes – ou apaziguadores – das teses do fim do conflito ideológico, o recrudescimento dos conflitos ideológicos que se lhes seguiu parece um facto difícil de desmentir.

Para além dos factos, o erro das teses que apontam para o fim do conflito ideológico está na incompreensão de que ele é ínsito às democracias constitucionais e àquilo que acima designei por *establishment* do pluralismo. Aliás, como vimos já nesta Introdução, o pluralismo constitucional e democrático é marcado, ao longo dos últimos duzentos anos, por múltiplas inovações ou mudanças mas também, talvez surpreendentemente para alguns, por continuidades terminológicas e substantivas que sugerem, de forma intuitiva, a existência de uma relação fundamental ou fundante entre esse mesmo pluralismo e a sobrevivência dos regimes políticos em que ele ganha forma.

Mas também na atualidade, quando são prosseguidas, como em Portugal e na Europa em geral, políticas de austeridade que afetam fortemente os interesses imediatos dos cidadãos, tem regressado a tese do fim das ideologias, agora na versão também antiga – na verdade, do século XIX –, mas muito recorrente, da tecnocracia. Ignorante da realidade histórica do constitucionalismo democrático e do pluralismo a ela associado, a tecnocracia hoje vigente, ou tecnocratismo, é uma ideologia especialmente perigosa porque se pretende totalizante, ou única, colocando-se fora das oposições ideológicas normais e do jogo democrático. Na verdade, esta tecnocracia é muitas vezes apenas um modo de contrabandear uma qualquer outra ideologia que não se quer assumir abertamente e usa o "escudo" tecnocrático como disfarce, ou seja, como forma de falsa consciência.

Se, como dissemos de início, não existe ação política não mediada pela ideologia, é desejável que esta se apresente na sua forma mais despojada, como alternativa entre outras alternativas, como ideologia entre outras ideologias, e não como "alternativa única" ou "ideologia da inexistência ou inanidade das ideologias". Se assim não acontecer, o regime constitucional e democrático perderá a sua característica ideológica mais assinalável, i.e., um pluralismo marcado desde a sua génese por mudanças e permanências e, assim também, a possibilidade de se regenerar e garantir a sua continuidade no futuro.

# Esquerda Radical

MIGUEL CARDINA*
JOSÉ SOEIRO**

Este texto busca percorrer os principais marcos da chamada "esquerda radical" nas últimas cinco décadas. Por comodidade, menciona-se no singular uma galáxia prenhe de matizes, diferenças e clivagens. É importante termos presente, à partida, a multiplicidade de engajamentos políticos, pontos de partida teóricos ou processos intelectuais que enformam este campo, pois isso constitui justamente uma das suas principais características: a pluralidade. Como se torna evidente, isso coloca limites significativos à breve tentativa de síntese e análise aqui feita. Com efeito, a esquerda é uma comunidade de valores, de experiências e de princípios. Mas ela exprime-se através de projetos políticos, de correntes, de movimentos sociais, de posições teóricas e estéticas, de partidos, de espaços sociais, de mobilizações que são necessariamente diversas.

Neste texto, concentra-se o olhar em dois momentos históricos distintos. Em primeiro lugar, anotam-se as principais características do universo político e intelectual de matriz radical ativado durante as décadas de 1960 e 1970. Foi aqui que boa parte desta esquerda – e não obstante o

* Investigador no Centro de Estudos Sociais da Universidade de Coimbra e pós-doutorando no Instituto de História Contemporânea da Universidade Nova de Lisboa.
** Sociólogo e doutorando na Faculdade de Economia / Centro de Estudos Sociais da Universidade de Coimbra, na área do trabalho e ação coletiva.

reenvio constante a momentos fundacionais anteriores: 1789, 1871, 1917, 1936 – adquiriu alguns dos seus traços contemporâneos. Em segundo lugar, tenta-se identificar os processos de recomposição da esquerda radical a partir do ciclo de protesto que teve lugar no final da década de 1990 e que esteve na origem do movimento alterglobal e de um novo internacionalismo. Confronta-se esse contexto com algumas configurações teóricas que se situam neste campo, registando de forma exploratória alguns dos debates estratégicos que a animam nos dias de hoje.

## I. A Esquerda Radical nos "Longos Anos Sessenta"

Durante a campanha eleitoral francesa de 2007, Nicolas Sarkozy, o candidato presidencial da direita, resolveu declarar guerra ao legado político e simbólico do Maio de 68. Preparava-se então o quadragésimo aniversário dessa contestação que pôs "Paris a dançar", como anunciou à época a Internacional Situacionista, e que deu lugar também a uma das maiores mobilizações operárias da história da França. Nas palavras de Sarkozy, era preciso "liquidar a herança do Maio de 68", e isso passava por escolher eleitoralmente entre quem se propunha fazê-lo, como era o seu caso, e as esquerdas filiadas num discurso supostamente ultrapassado. Um discurso que valorizava as conquistas do trabalho, apostava no questionamento das hierarquias pré-estabelecidas e tinha um profundo lastro "relativista" marcado pela indistinção "entre o bem e o mal, o verdadeiro e o falso, o belo e o feio". Não era só um arrufo contra a História ou uma tirada irónica de um presidente cuja vida pessoal e política dificilmente seria inteligível num mundo pré-Maio de 68. Era a vingança contra um tempo que se procurava colocar à força no caixote do lixo da História. Uma vingança que se queria definitiva: "liquidar" fora a palavra usada.

Não foi a primeira nem será a última tentativa de arrumar de vez o espírito do Maio de 68. O gesto revela, antes de mais, a força do momento sobre o qual se investe. Só uma data capaz de resistir à rasura dos dias, extraída ao pulsar dos relógios, aberta a leituras diversas e a apropriações fecundas, motiva uma cólera tão diferida no tempo. Na verdade, a irritação do ex-presidente francês não se dirigia apenas aos momentos quentes do Maio-Junho, mas a todo um complexo político, ideológico e cultural através do qual se "relativizou" a ordem, as hierarquias, o mundo tal como nos é dado e imposto. "Maio de 68" não é senão uma metáfora de um lugar que não é necessariamente francês, de uma contestação que não foi só estudantil e de um tempo bem mais vasto do que esse mês primaveril.

O filósofo norte-americano Fredric Jameson foi o primeiro a identificar as características desse "tempo longo". Se as drogas e o rock, as contestações estudantis e o movimento contra a guerra do Vietname têm ainda hoje um lugar preponderante no imaginário coletivo, a época seria também distinguida pela industrialização generalizada pela primeira vez na História: nas fábricas como nos campos, na esfera da circulação como na esfera da produção, no domínio do lazer como no domínio do trabalho. Jameson adopta a periodização de Ernest Mandel sobre esta "onda longa", que se abrira na década de 1940 e que se encerrará em 1972-74 com o falhanço norte-americano no Vietname e com a crise económica. Os anos sessenta seriam então esse período no qual emerge um processo de extensão global deste "capitalismo tardio", no qual o domínio das superestruturas invade a infraestrutura económica. Ao mesmo tempo, essa extensão provoca dinâmicas de resistência particularmente ancoradas em áreas nas quais haviam permanecido vestígios pré-capitalistas: o inconsciente e o terceiro-mundo[1]. Foi aliás o grande movimento de descolonização na África francesa e britânica, iniciado na década de 1950, que marcaria a irrupção do período. Esse momento seria depois prolongado nas lutas de independência dos colonizados e oprimidos, na adesão a esses ideários libertadores e, consequentemente, na crítica às democracias liberais do Ocidente.

Buscando também uma periodização para a época, o historiador Arthur Marwick utilizou a expressão "longos anos sessenta"[2] para caracterizar esse tempo que se inicia em meados da década de 1950, com a irrupção de uma cultura juvenil autónoma, o surgimento de dinâmicas de contestação ao mundo bipolar da guerra fria e a politização do quotidiano, e que termina em meados da década de 1970, com o choque petrolífero de 1973, o estiolar das utopias revolucionárias após o fracasso do Chile de Allende e do Portugal revolucionário de 1974-1975 e o início da ofensiva neoliberal que depois se viria a consolidar eleitoralmente com as vitórias de Margaret

[1] Jameson, Fredric, "Periodizing the 60s", in Sayres, Sohnya; Stephensom, Anders (eds.), *The Sixties Without Apology*, Minneapolis, University of Minneapolis Press, 1984, pp. 178-209.

[2] Marwick, Arthur, *The Sixties. Cultural Revolution in Britain, France, Italy and the United States, c.1958-1974*, Oxford, Oxford University Press, 1998; Para uma análise tomando como referência o caso português, veja-se Bebiano, Rui, *O Poder da Imaginação. Juventude, rebeldia e resistência nos anos 60*, Coimbra, Angelus Novus, 2003.

Thatcher e Ronald Reagan, respectivamente em 1979 e 1980. Numa obra particularmente interessante pela atenção que dedica à Europa do Sul, Gerd-Rainer Horn assinala o final da época por volta de 1976, apontando como um dos marcos a derrota da experiência revolucionária portuguesa[3]. Este é também o período em que se assiste à emergência de um compósito intelectual e político – designado também como "nova esquerda" – que não se alicerçou num corpo unificado de teses, mas antes em contributos múltiplos e por vezes conflituantes.

Em primeiro lugar, e a par da temática da exploração económica, enfatiza-se o conceito de alienação, alargando-se assim as frentes de luta política a campos então desvalorizados pelo marxismo mais tradicional, refém da chamada "metáfora do edifício": a infra-estrutura económica determinaria a super-estrutura político-ideológica; o direito, a cultura, a arte, a filosofia, a ideologia ou a religião seriam emanações daquela base fundacional e um verdadeiro esforço de compreensão dessas instâncias da vida não poderia ser feito sem a sua recondução ao domínio do económico. Na realidade, já Antonio Gramsci havia falado da autonomia relativa da criação cultural e das opções ideológicas. O filósofo húngaro Georg Lukács trabalha na mesma altura a noção hegeliana de "reificação", abrindo caminho ao chamado "marxismo ocidental"[4] – termo cunhado por Maurice Merleau-Ponty e que Perry Anderson viria a popularizar na sua obra de 1976. O conceito luckacsiano de "reificação" dava conta da separação do homem da sua actividade, processo que se refletia na forma como os seres humanos se relacionam entre si e com o mundo: em traços largos, a mecanização racional e a erosão dos aspectos qualitativos do trabalho teriam penetrado fundo na própria subjetividade humana, fomentando o desenvolvimento de atitudes contemplativas[5].

Os próprios escritos de juventude de Karl Marx, descobertos em 1932 e bastante divulgados nos anos sessenta, vêm demonstrar uma preocupação original do filósofo com a problemática da alienação – no prefácio aos *Manuscritos Económico-Filosóficos*, Erich Fromm chama-lhe mesmo o "con-

[3] Horn, Gerd-Rainer, *The spirit of '68. Rebellion in Western Europe and North America, 1956-1976*, Oxford, Oxford University Press, 2007.

[4] Anderson, Perry, *Considerations on Western Marxism*, Nova Iorque, New Left Review, 1976.

[5] Lukács, Georg, *História e consciência de classe*, Porto, Escorpião, 1974.

ceito-chave" do seu *corpus* teórico[6] –, o que permitia alargar o marxismo a novos terrenos e justificar configurações teóricas mais voluntaristas e idealizantes. Os trabalhos de Herbert Marcuse, focados na crítica da sociedade de consumo como forma de alienação e opressão totalitária, podem integrar-se neste filão. Para Marcuse, a racionalidade tecnológica e produtivista que dominava as sociedades democráticas a Ocidente – mas também os países do chamado "socialismo real" – representava uma forma de nivelamento e domesticação[7]. De maneira diferente, mas igualmente preocupado com a temática da desapropriação humana, Ernst Bloch elevara a esperança a princípio gerador do processo histórico ao mesmo tempo que definia o marxismo como a única "utopia concreta"[8]. Noutro sentido, será na linha de análise crítica da alienação gerada pelas sociedades de consumo ocidentalizadas que, de seguida, se abrirá caminho à emergência de temáticas pós-materialistas, como o ecologismo, o feminismo de segunda vaga ou as lutas pelo reconhecimento da orientação sexual.

Em segundo lugar, e diretamente relacionada com esta primeira característica, aponte-se a insistência na crítica ao quotidiano. Henri Lefebvre abalançou-se a efetuar uma crítica da vida quotidiana, mostrando como nela se encontram sedimentados os valores e as convenções das classes dominantes. A este nível, refira-se também a análise efetuada pela Internacional Situacionista, constituída em 1957, a partir da fusão de vários grupos artísticos de vanguarda. Teoricamente, o situacionismo considerava as sociedades capitalistas avançadas como marcadas por um esquema de racionalidade mercantil que se havia disseminado pelos vários âmbitos da cultura e da sociedade. A denúncia radical da "sociedade do espectáculo" – título do famoso livro de Guy Debord, publicado em 1967 – aliada à componente fortemente cultural do movimento, levaram os situacionistas a renegar as práticas artísticas tradicionais e a adoptar formas radicais e imaginativas de enfrentamento político. A influência das teses situacionistas é tal no seio da juventude radicalizada que se chega a dizer, algo exageradamente, que "A *Sociedade do Espectáculo* era *O Capital* da nova geração"[9].

[6] Fromm, Erich, introdução a Karl Marx, *Manuscritos Económico-Filosóficos*, Lisboa, Edições 70, 1993, p. 12.

[7] Marcuse, Herbert, *One-dimensional man*, Londres, Routledge, 2002.

[8] Bloch, Ernst, *Il Principio Speranza*, Milão, Garzanti, 1994.

[9] Jappe, Anselm, *Guy Debord*, Roma, Manifestolibri, 1999, p. 121.

Genericamente, o radicalismo da época considerava fundamental não só promover a tomada do poder e a estatização dos meios de produção, mas também fomentar modelos de sociabilidade indissociáveis de uma necessária alteração ao nível dos costumes e das mentalidades. No campo teórico, os estudos do freudo-marxista Wilhelm Reich, levados a cabo sobretudo nos anos trinta, encontravam agora eco significativo na juventude escolarizada devido à sua confluência com a revolução sexual em curso. Emergem simultaneamente novos modos de pensar e agir nos quais a crítica política confluía com uma dimensão (contra)cultural que não se coibia de pôr em causa o tipo de relações familiares, as dinâmicas de aprendizagem e as práticas sexuais.

Outro eixo importante radicou na crítica às formas de autoridade. Alguns slogans oriundos do ambiente contestatário estudantil parisiense indicam isso mesmo: "A imaginação ao poder"; "Debaixo da calçada, a praia"; "É proibido proibir"; "Sê realista, exige o impossível". A questão do poder, aliás, esteve no cerne de trabalhos de teóricos como Michel Foucault ou Louis Althusser. Este último aponta a importância dos aparelhos ideológicos do Estado (a escola, as igrejas, os meios de comunicação social, etc.) na manutenção do *status quo*, um pouco como Gramsci havia falado do "Estado ampliado", conceção que alertava para as dimensões não apenas coercitivas mas também ideológicas de construção do consenso e de exercício da hegemonia. Ao lado dos aparelhos repressivos, como o exército, as prisões e a polícia, seria necessário apontar um outro tipo de instituições destinadas a manter o domínio político.

Mas é Michel Foucault o autor que mais atenção concederá à temática do poder. A partir dos seus estudos sobre a constituição dos saberes e das instituições que estão na base da medicina, da psiquiatria e do sistema prisional moderno mostra como o poder está disperso na sociedade e não num Estado, de onde procederia unilateralmente a dominação. Nesta linha, o poder não é uma coisa, que se pode tomar ou conquistar, mas uma relação que atravessa toda a sociedade. Poder e resistência evoluem um com o outro e, assim sendo, se o poder é relacional e se encontra disseminado, então a sua contestação pode desenvolver-se em campos múltiplos e não existe uma "luta final", na qual a classe operária tomaria o Estado e suprimiria o conflito[10].

[10] Cf. Foucault, Michel, *Microfísica do poder*, Rio de Janeiro, Edições Graal, 1979.

Em quarto lugar, o período assistiu também à valorização do papel da juventude enquanto agente de mudança, substituindo ou acompanhando o proletariado na histórica missão de transformação social que o marxismo lhe havia identificado. Desde meados da década de cinquenta que se vinha assistindo ao aparecimento de uma condição juvenil marcada pela assunção de práticas, discursos e atitudes diferenciadas dos restantes atores sociais. No decorrer dos anos seguintes, o mundo dos jovens começa a assumir características cada vez mais nítidas e autónomas. Nas palavras do historiador Eric Hobsbawm, esta nova cultura juvenil apresentava uma tripla novidade. Em primeiro lugar, a juventude já não era vista como um estágio preparatório para a vida adulta, mas, em certo sentido, como o estágio final do pleno desenvolvimento humano. Em segundo lugar, a nova cultura jovem tornava-se dominante nas economias de mercado desenvolvidas, quer pelo seu poder de compra, quer pela capacidade de lidar com as rápidas mudanças tecnológicas e culturais. Em terceiro lugar, assumia-se claramente como internacionalista, difundindo, à escala mundial, estilos de vida e de consumo onde, simultaneamente, era notória a hegemonia cultural dos EUA e a recusa do chauvinismo cultural[11].

A juventude deixa então de ser vista – e de se ver a si própria – como uma amálgama de sujeitos em processo inacabado de integração social, para passar a agir, pensar e sentir segundo modalidades próprias, disseminadas pelos mais variados âmbitos da política e da cultura. É nesta linha que o sociólogo Gianni Statera, procedendo a uma tentativa de catalogação, enquadra este sector social na categoria híbrida dos "emancipados tutelados", isto é, vivendo a discrepância entre a sua maturidade física e cognitiva – ou seja, subjetivamente emancipados – mas encontrando-se, ao mesmo tempo, sob a tutela objetiva das instituições escolares e na dependência familiar[12]. Herbert Marcuse procurou mesmo caucionar teoricamente esta nova realidade. Para o filósofo alemão, a integração política e social do operariado tinha levado ao anestesiamento da sua função revolucionária, pelo que era necessário a irrupção de um outro sujeito revolucionário, colocado à margem do sistema – os jovens. A sua capacidade emancipatória adviria,

[11] Hobsbawm, Eric, *A Era dos Extremos. História Breve do século XX. 1914-1991,* Lisboa, Editorial Presença, 1996, pp. 319-330.

[12] Statera, Gianni, ***Death of Utopia: The Development and Decline of Student Movements in Europe,*** Nova Iorque, Oxford University Press, 1975.

não só do seu peculiar posicionamento social, mas do modo como unificavam a dimensão erótica e a dimensão política[13].

Por fim, um forte pendor anti-imperialista caracterizava também estes movimentos. Se bem que a crítica ao imperialismo tenha estado presente desde muito cedo na tradição marxista – foi teorizada por Lenine no famoso *Imperialismo, Estádio Supremo do Capitalismo* (1916) –, o certo é que para muitos destes grupos o imperialismo era não só um "tigre de papel", como na famosa aceção maoísta, mas também o principal inimigo a abater. Guevara, na América Latina, e Ho Chi Minh, no Vietname, combatiam para derrubar o imperialismo a partir das periferias, e os *Black Panthers* procuravam alavancar, nos subúrbios americanos, uma estratégia de "guerra de libertação" dos negros. No campo teórico, o psiquiatra caribenho Frantz Fanon havia redigido o influente *Les damnés de la Terre*, após observar, no contexto da guerra de libertação da Argélia, os efeitos psicológicos da colonização na psique dos colonizados[14].

Designadamente no mundo anglo-saxónico e alemão, esta amálgama heteróclita foi correntemente denominada de "nova esquerda"[15], um largo guarda-chuva destinado a conglomerar um espectro que se estendia dos movimentos cívicos e pela paz até às franjas radicais anti-sistema. Um contributo para a interpretação deste complexo político-radical é dado por Julie Stephens, que introduz a noção foucaultiana de "protesto anti-disciplinar" como eixo caracterizador do radicalismo da época. Para Stephens, a radicalidade dos anos sessenta resulta da invenção de uma nova linguagem contestatária, marcada pela celebração da ambiguidade e por uma recusa da "disciplina do político", tradicionalmente feita em torno de noções como organização, hierarquia e liderança. Seguindo esta linha argumentativa, a contestação não foi apolítica mas marcada, isso sim, pela vontade de transgredir as distinções rígidas entre ativistas e *hippies*, políticos e apolíticos, radicalismo político e radicalismo cultural[16].

[13] Marcuse, Herbert, *Eros e Civilização. Uma interpretação filosófica do pensamento de Freud*, Rio de Janeiro, Zahar Editores, 1968.

[14] Fanon, Frantz, *Le damnés de la Terre*, Paris, Maspero, 1974.

[15] Katsiaficas, George, *The Imagination of the New Left: a Global Analysis of 1968*, Boston, South End Press, 1987.

[16] Stephens, Julie, *Anti-Disciplinary Protest: Sixties Radicalism and Post-Modernism*, Cambridge, Cambridge University Press, 1998.

Esta dupla filiação teve expressão no campo do militantismo. No interior dos diferentes grupos políticos e, por vezes, no próprio íntimo dos militantes, a receção das heterodoxias teóricas teve pela frente o dogmatismo e a *vulgata* ideológica; a sedução das armas conflituou com a necessidade de desenvolver um aturado trabalho com "as massas"; o imaginário da rebelião como "festa" confrontou-se com o puritanismo e a "moral proletária". Tal não significa, no entanto, que estas duas esferas não se tenham tocado ou até mesmo fundido. Como defende Kristin Ross num importante estudo sobre a memória do Maio de 68, em muitos casos "a individualidade foi completada e não submersa pelo colectivo", apresentando exemplos de experiências simultaneamente "sérias e felizes"[17]. Por outro lado, Kristin Ross alerta para o viés provocado por leituras com a tónica colocada apenas no caráter de libertação pessoal do Maio de 68, leituras essas que fazem a história do período olhando para os *graffiti* e esquecendo a documentação revolucionária, que se ficam pela agitação na Universidade de Nanterre e esquecem a constante tentativa de diálogo (e até fusão) entre estudantes e operários, que se focalizam exclusivamente nas barricadas estudantis e desvalorizam a eclosão à época da maior greve geral da história de França.

Apesar dos conflitos entre libertários, trotskistas, maoistas ou outros tipos de militância que se envolviam em lutas específicas contra o imperialismo e o capitalismo ou que à sua maneira viviam o imperativo de que "o pessoal é político", todos eles se apresentavam equidistantes das modernas sociedades de consumo ocidentais e do burocratismo soviético. Estes novos acentos teóricos e grupos insubmissos encontravam-se unidos na defesa da democracia participativa e do internacionalismo, na utilização de formas de protesto arrojadas, e na proclamação do sonho comum de levar a cabo uma revolução que derrubasse quer o imperialismo ocidental, simbolizado pelos EUA, quer o socialismo ossificado de Leste. Com efeito, a desconfiança crescente diante da União Soviética e do socialismo real, bem como a valorização das lutas dos movimentos independentistas no Terceiro Mundo, a imagem informal da revolução cubana e a leitura empolgada e, na maioria das vezes, truncada e deficiente, do fenómeno chinês, pareciam mostrar que a transformação revolucionária da sociedade era possível segundo modelos aparentemente novos e, por isso mesmo, dotados de um evidente magnetismo.

[17] Ross, Kristin, *May'68 and its afterlives*, Chicago, Chicago University Press, 2002, pp.99-100.

Em *Hémisphère Gauche*, Razmig Keucheyan analisa o modo como a teoria crítica de esquerda, paulatinamente emergente a seguir à queda do muro de Berlim e à implosão da União Soviética, apresenta algumas características peculiares. O autor recupera a leitura feita por Perry Anderson relativamente ao "marxismo ocidental", que Anderson via como resultado da derrota da revolução, desde logo na Alemanha, entre 1918 e 1923, e por isso feito por intelectuais com linguagem abstrata e afastados da primeira linha do combate político. Introduzindo um paralelo, Keucheyan analisa o modo como a "derrota" da esquerda a partir finais da década de 1970 – grosso modo identificada com a hegemonia em torno do Consenso de Washington[18] – se relaciona com as características manifestadas pela nova teoria crítica surgida a partir da década de 1990, nomeadamente a sua fraca articulação com a estratégia política e o seu carácter tendencialmente abstracto e por vezes hermético[19].

Por seu turno, o sociólogo sueco Goran Therborn nota como a corrente sofreu a dada altura uma quebra no seu triângulo original. Este seria composto por uma descrição da realidade social, por uma filosofia materialista dialéctica e por uma estratégia política de transformação da sociedade. Os grandes autores marxistas escreveram sobre tudo isso, entendendo-o como componentes de um mesmo labor. Assim foi com Marx, Trotsky, Rosa Luxemburgo ou Lenine. O caso deste último é paradigmá-

[18] "Consenso de Washington" é a expressão utilizada para denominar um conjunto de medidas de política económica que sistematizam a agenda neoliberal. Foi cunhada em 1989 pelo economista John Williamson. A referência à cidade de Washington reside no facto de aí estarem situadas algumas das principais instituições transnacionais – *think tanks*, Fundo Monetário Internacional ou Banco Mundial – que impuseram a vários países "em desenvolvimento" essas medidas, nomeadamente através de programas de ajustamento estrutural. No essencial, o "Consenso de Washington" prescreve uma receita de desenvolvimento assente na "disciplina orçamental" e ausência de défice, liberalização financeira, liberalização do comércio internacional, privatização de setores do Estado e de serviços públicos, desregulação do mercado, enfraquecimento das proteções no trabalho, reforma nos impostos para aliviar a taxação do capital, entre outros. Se o "Consenso de Washington" é a materialização da receita neoliberal como uma nova ortodoxia, muitas das suas ideias encontram-se teorizadas anos antes nas obras de Milton Friedman ou Fiedrich Hayek. Para uma análise crítica do neoliberalismo, dos seus pressupostos e da sua história ver: Harvey, David, *A Brief History of Neoliberalism*, Nova Iorque, Oxford University Press, 2005.

[19] Keucheyan, Razmig, *Hémisphère Gauche. Une cartographie des nouvelles pensées critiques*, Paris, La Découverte, 2010.

tico: dirigia o partido comunista russo, escrevia sobre questões de tática e estratégia política, analisava o imperialismo da sua época e polemizara filosoficamente com o positivismo de Mach. Na leitura de Therborn, este triângulo encontra-se hoje irremediavelmente cindido – algo que não é novo, como mostrara Perry Anderson, mas que assumiria outros contornos na atualidade[20].

Adicionalmente, a Europa deixou de ter centralidade na produção do pensamento crítico contemporâneo, feito nas margens do "sistema-mundo" ou a partir dos Estados Unidos da América – em muitos casos, por intelectuais originários de países do sul a lecionar em universidades norte-americanas. Por outro lado, e acentuando uma característica já evidenciada por Perry Anderson relativamente às teorias críticas de 1960 e 1970, Keucheyan sugere que poucos são os intelectuais da esquerda radical que acumulam a sua atividade com a militância destacada em organizações expressivas de esquerda ou em experiências governativas alternativas – uma exceção seria o sociólogo Alvaro Garcia Linera, vice-presidente da Bolívia e um dos mais eminentes teóricos dos movimentos sociais e do indigenismo[21].

Ainda que a relação entre as teorias críticas, as esquerdas políticas e os movimentos sociais não tenham os contornos de períodos anteriores, a verdade é que a partir de finais da década de 1990 se assiste a um renovado interesse pela crítica e ao regresso do debate estratégico, facto que não pode ser desligado do ciclo de protesto global que atravessou o planeta nos últimos anos do século XX. Procurar o que são hoje as esquerdas radicais passa por tentar identificar como se definem as suas diversas correntes, como se reatualiza o debate sobre a política, a sociedade, o Estado e os movimentos sociais, qual o impacto que novas dinâmicas de contestação (de que é exemplo o movimento dos "Indignados") têm na criação de uma corrente anticapitalista com expressão política e social.

[20] Therborn, Goran, *From Marxism to Post-Marxism*, Londres/Nova Iorque, Verso, 2008.

[21] Matizando a tese de Keucheyan, note-se que muitos dos intelectuais da esquerda radical contemporânea têm, com efeito, forte intervenção política. Basta pensar na militância continuada (partidária e não só) de Daniel Bensaïd, Michael Löwy ou Alex Callinicos, no pequeno grupo estruturado em torno de Alain Badiou, no activismo político pós-*operaista* de Toni Negri, na intervenção pública regular de Edward Saïd e Noam Chomsky ou na importância dos intelectuais nos processos relativos aos Fórum Social Mundial. O que efectivamente acontece é que nenhum deles o faz a partir do modelo do partido ou organização de "massas", tal como acontecera até ao início da década de sessenta.

## II. Do "Fim da História" ao "Novo Internacionalismo"

O final da década de 1980 ficou marcado pelo "fim da história"[22] e pela célebre declaração de Margaret Thatcher segundo a qual não existia alternativa ao capitalismo liberal[23]. O contexto parecia por isso de crise do pensamento e das organizações da esquerda. Colapso da URSS, evolução capitalista da China, desmantelamento gradual do Estado-Providência no continente europeu, desagregação da soberania nacional neutralizada pela globalização neoliberal, instalação do desemprego de massa e da nova pobreza, desaparecimento de alguns dos referenciais partidários à esquerda, eis alguns traços desse tempo.

Ao nível económico, o final do século XX assiste à transnacionalização e financeirização da economia, à consolidação das multinacionais e a um novo enquadramento legal e político da globalização, onde passam a deter papel estratégico instituições como o FMI, a OMC, o Banco Mundial ou o G8. Estes processos tiveram consequências importantes na relação entre países, na divisão internacional do trabalho e nas formas de regulação laboral. Neste campo, a flexibilização, o *outsourcing*, a deslocalização, a individualização, a fragmentação estatutária e a descoletivização são algumas das principais características. Os seus efeitos foram vigorosos ao nível do enfraquecimento da organização dos trabalhadores e do surgimento de uma "nova questão social"[24] marcada pela precarização e pelas problemáticas da exclusão (originando os movimentos dos "sem": sem-papéis, sem-abrigo, sem-trabalho, etc.). Estas transformações conduziram também, no campo social, ao desenvolvimento daquilo que Ulrich Beck[25] designou de "modelo biográfico" e a um investimento das energias transformadoras no mundo da intimidade, como derradeiro reduto de uma utopia mais em torno de si mesmo do que das grandes estruturas.

[22] A expressão é de Francis Fukuyama e deu título a um artigo publicado em 1989 que se tornaria a expressão da ideologia do "pensamento único". Cf. Fukuyama, Francis, *O Fim da História e o Último Homem*, Lisboa, Gradiva, 1999.

[23] A frase de Thatcher que ficou consagrada, "There Is No Alternative", deu origem ao acrónimo TINA.

[24] A expressão é do sociólogo francês Robert Castel. Cf. Castel, Robert, *A Nova Questão Social. As metamorfoses da questão social: uma crónica do salário*, Rio de Janeiro, Vozes, 1998.

[25] Beck, Ulrich, *Risk Society: Towards a New Modernity*, Londres, Sage Publications, 1992.

Do ponto de vista político, este período corresponde à hegemonia do neoliberalismo como ideologia e prática. Acompanhando Simon Tormey[26], poder-se-ia resumir assim os seus eixos fundamentais: defesa da centralidade do mercado como alocador de recursos; uma gestão a partir da procura, com a rejeição de qualquer papel estratégico do Estado na criação de emprego ou no investimento público; mercantilização de aspectos crescentes da vida, nomeadamente esferas que tinham sido desmercadorizadas no pós II Guerra Mundial (saúde, educação, energia, transportes); submissão, por fim, das escolhas políticas às necessidades do mercado, como se o único fim da ação política fosse libertar de quaisquer limitações "burocráticas" ou "morais" o funcionamento do capitalismo. No sistema partidário, o colapso dos regimes socialistas de leste teve um efeito relevante na destalinização de alguns dos principais partidos comunistas ocidentais. Surgiram os partidos verdes na década de 1980. Durante a década de 1990, os partidos social-democratas evoluíram em direção à Terceira Via[27], com as contradições internas que a sua integração no projeto neoliberal provocou e com o espaço que deixou por preencher.

A partir de meados da década de 1990, contudo, assistimos a uma transformação. O consenso em torno da globalização neoliberal e da ideia de que teríamos chegado ao "fim das ideologias" começou a ser posto em causa. Foi também nesse período que renasceu uma esquerda radical com expressão.

A 1 de janeiro de 1994, da selva Lacandona, nos confins do Chiapas, no México, soltou-se o grito de *Ya Basta!* e o mundo tomou contacto com um movimento que marcaria a década. Um conjunto de guerrilheiros de capuzes pretos e armas na mão apelavam a uma resistência global contra o neoliberalismo. O subcomandante Marcos, porta-voz jamais revelado do Exército Zapatista de Libertação Nacional (EZLN), tornou-se símbolo de uma cultura política emergente e ícone de uma nova onda de protesto global. Combinando a resistência local com a vontade de uma articulação planetária, recusando a gramática clássica das guerrilhas marxistas, os zapatistas foram os primeiros a dar expressão a um discurso geral de

[26] Tormey, Simon, *Anti-capitalism. A beginner's guide*, Oxford, Oneworld Publications, 2004, p. 21.

[27] A Terceira Via fica associada, do ponto de visto político, ao *New Labour* de Tony Blair e, do ponto de vista teórico, à obra de Giddens. Cf. Giddens, Anthony, *Para uma Terceira Via. A renovação da social-democracia*, Lisboa, Presença, 1999. Para uma visão crítica desta orientação ver: Callinicos, Alex, *Contra a Terceira Via: uma crítica anticapitalista*, Oeiras, Celta, 2002.

rejeição da "nova ordem mundial", a defender os valores "da humanidade contra o neoliberalismo", numa narrativa com forte dimensão poética em que as palavras dominantes eram dignidade e rebeldia[28]. Em Chiapas, há um exército insurgente, mas não há luta armada. Luta-se não pela tomada do poder, mas pela sua transformação e pelo reconhecimento, no interior do Estado, do autogoverno daquela comunidade, com as suas formas de associação e decisão participada. Marcos constrói-se como figura através da ideia de que, mais do que num carisma pessoal, a sua força reside na possibilidade de representar todas as identidades oprimidas e subalternas[29]. A formulação zapatista segundo a qual a luta é por "um mundo onde cabem muitos mundos dentro" acabaria por ser o fundamento do que viria a chamar-se o "movimento alterglobal"[30].

A crítica à globalização neoliberal e às suas instituições transnacionais foi, por isso, o que começou por juntar este novo campo de ativismo. Em novembro de 1999, o boicote à conferência da OMC em Seattle surpreende pela capacidade de articulação internacional de diferentes setores que conseguiram, com sucesso, impedir a reunião. A partir daí, outros

[28] Ramonet, Ignacio, *Marcos, a Dignidade Rebelde*, Porto, Campo das Letras, 2002.

[29] A resposta do subcomandante Marcos sobre a sua identidade, em relação à qual tanto se especulou, tornou-se mundialmente conhecida e é uma poderosa declaração: "Marcos é gay em São Francisco, negro na África do Sul, asiático na Europa, hispânico em San Isidro, anarquista na Espanha, palestino em Israel, indígena nas ruas de San Cristóbal, roqueiro na cidade universitária, judeu na Alemanha, feminista nos partidos políticos, comunista no pós-guerra fria, pacifista na Bósnia, artista sem galeria e sem portfólio, dona de casa num sábado à tarde, jornalista nas páginas anteriores do jornal, mulher no metropolitano depois das 22 horas, camponês sem terra, editor marginal, operário sem trabalho, médico sem consultório, escritor sem livros e sem leitores e, sobretudo, zapatista no Sudoeste do México. Enfim, Marcos é um ser humano qualquer neste mundo. Marcos é todas as minorias intoleradas, oprimidas, resistindo, exploradas, dizendo *¡Ya basta!* Todas as minorias na hora de falar e maiorias na hora de se calar e aguentar. Todos os intolerados buscando uma palavra, a sua palavra. Tudo que incomoda o poder e as boas consciências, este é Marcos."

[30] Este movimento foi apelidado de formas muito diferentes e as designações utilizadas revelam também diferentes interpretações sobre a sua natureza e composição. No contexto anglo-saxónico, popularizaram-se expressões como *radical social change movements, anti-corporate movement, global anti-capitalist movement,* alterglobalization *movement, movement for Global justice, global resistance movement.* Em França, começou por ser considerado antimundialização, para assumir depois a designação de *mouvement altermondialiste.* Em Itália, a expressão *no global* era frequentemente utilizada, sobretudo pelos seus adversários. Em Portugal, Boaventura Sousa Santos insistiu na designação de "movimento por uma globalização contra-hegemónica".

momentos marcantes fizeram o roteiro deste movimento de "globalização contra-hegemónica", como lhe chamou Boaventura de Sousa Santos[31]. A luta, em 2000, contra a privatização da água em Cochabamba, na Bolívia. Os protestos dos agricultores franceses em Millau, donde emerge José Bové como protagonista, nomeadamente através das ações contra os restaurantes de *fast food*. A cimeira alternativa contra o G8, que junta cerca de 300 mil pessoas em Génova, em 2001, para boicotar a reunião dos líderes dos oito países mais poderosos do mundo.

Em 2002, um passo decisivo é dado no sentido de novos diálogos e da busca de plataformas comuns. Reúne em Porto Alegre o primeiro Fórum Social Mundial, sob o lema "Um Outro Mundo é Possível", juntando mais de 50 mil ativistas naquela cidade brasileira conhecida por ser um exemplo de uma gestão democrática participativa. A 15 de fevereiro de 2003 acontece a primeira manifestação à escala global, convocada pelo Fórum Social Mundial, contra a agressão militar que se anunciava para o Iraque. O conhecido jornal norte-americano *The New York Times* classificou esse momento como a emergência, num mundo que parecia unipolar, de uma segunda superpotência mundial: a "opinião pública global".

Algumas das características deste movimento estavam já presentes em dinâmicas de mobilização anteriores: diversidade ideológica e política, diversidade organizativa, uma lógica de ação oposta ao estilo da espera passiva, marcada menos pela representação e mais pela ação direta. O grande salto qualitativo de Seattle foi, contudo, a identificação de um inimigo comum e a exploração das possibilidades de comunicação entre movimentos. A este processo não é obviamente alheia a expansão da internet, pelas múltiplas possibilidades que criou, nomeadamente ao dar visibilidade a grupos outrora marginais, ao facilitar a criação de redes de ativismo (*Indymedia*, *People's Global Action*, *Zmag*), ao permitir uma maior coordenação internacional, ao constituir uma fonte alternativa de informação, ao originar novas formas de protesto baseadas na própria estrutura da rede (o que se convencionou chamar de *hacktivismo*)[32].

Immanuel Wallerstein sublinha a particularidade do movimento alterglobal juntar elementos de todos os outros tipos de movimentos

[31] Santos, Boaventura de Sousa, *O Fórum Social Mundial. Manual de Uso*, Porto, Afrontamento, 2005.

[32] Tormey, Simon, *Anti-capitalism. A beginner's guide*, Oxford, Oneworld Publications, 2004, pp. 61-67.

anti-sistémicos que marcaram o XX: a "velha esquerda" do movimento operário tradicional, os movimentos socialistas e nacionalistas da periferia, a esquerda radical de 1960/70, os novos movimentos sociais nascidos nessa época, as chamadas "organizações humanitárias" e a galáxia das ONG, cujo crescimento foi muito grande a partir das décadas de 1980/90[33]. De facto, o que constituiu novidade nesse final do século XX foi a possibilidade de, sob o lema "um outro mundo é possível", juntar estas componentes, ou uma parte substancial de cada uma delas, numa mesma dinâmica de contestação. Com efeito, este *movimento de movimentos* pôs em contacto e articulação diferentes atores sociais, culturas de intervenção e sujeitos políticos: ecologistas, sindicalistas, estudantes, indígenas, feministas, camponeses. Para Naomi Klein, jornalista que se tornou um dos rostos do movimento, ele parecia um misto de Conferência de Bandung (dos países não alinhados), de festival Woodstock e de Internacional[34]. Contestando o poderio das multinacionais, o livre comércio, as intervenções imperialistas e os espaços de decisão económica não democráticos, esta rede de ativismos assumiu como um dos seus traços unificadores a rejeição da mercantilização e da privatização de todos os aspetos da existência, resumindo-a no *slogan* "o mundo não está à venda". Tratou-se de um "novo internacionalismo global", que fez da crítica ao neoliberalismo e à globalização capitalista um "não" comum a partir do qual se juntaram vários "sins"[35], isto é, ideias diferentes sobre os "outros mundos possíveis". Como argumentou Boaventura Sousa Santos, esse novo internacionalismo distinguia-se dos anteriores pela rejeição de um ator social privilegiado (operários), de um tipo privilegiado de organização (partidos e sindicatos), de uma estratégia definida a partir do centro (a Internacional) e de uma política originada no Norte[36].

[33] Wallerstein, Immanuel, "New Revolts Against the System", in Mertes, Tom (ed.), *A movement of Movements. Is another world really possible?*, Londres, Verso, 2004, pp. 266-270.

[34] Klein, Naomi, "Reclaiming the commons", in Mertes, Tom (ed.), *op. cit.*.

[35] Kingsnorth, Paul, *One No, Many Yeses: A Journey to the Heart of the Global Resistance Movement*, Londres, Free Press, 2003.

[36] Santos, Boaventura de Sousa, *Fórum Social Mundial: Manual de Uso*, Porto, Afrontamento, 2005, p. 36.

## III. Correntes da Esquerda Radical Contemporânea: Marxismos, Autonomismos, Anarquismos, Ecologia Radical

Após Seattle, a esquerda radical ganhou novo fôlego. A rejeição do neoliberalismo era o "não" comum deste movimento. Mas se o capitalismo é multiforme e multidimensional, também o é a sua crítica e isso explica a diversidade dentro desta galáxia contestatária, com visões diferentes e conflituais sobre como transformar o capitalismo ou como acabar com ele.

O sociólogo norte-americano Erik Olin Wright[37], uma figura destacada do chamado "marxismo analítico", insiste no seu último livro que o capitalismo não é só uma forma de organização económica. Ele determina muitas das relações sociais marcadas pela desigualdade, é ambientalmente destrutivo, limita a liberdade individual e a autonomia para uma parte significativa da população, perpetua formas de sofrimento humano, fere princípios de igualdade e de justiça social, incentiva o consumismo, alimenta o militarismo e o imperialismo, bloqueia o desenvolvimento das plenas potencialidades de cada um/a, corrói a comunidade e limita a democracia. Dependendo do modo como se valoriza cada um destes aspetos, mas também das diferentes estratégias e táticas políticas, das variadas formas de organização e do modo como se concebe a relação com o Estado, as posições dentro da esquerda radical vão ser distintas.

Importa notar ainda que as novas teorias críticas emergentes a partir de 1990 se desenvolvem em boa medida no quadro das coordenadas políticas herdadas dos "longos anos sessenta", ora encontrando aí traços de continuidade, ora buscando pontos de divergência. Com efeito, é preciso ter em conta que muitos dos intelectuais que hoje renovam o pensamento à esquerda iniciaram militância política e intervenção teórica nessa época: Negri, Badiou, Rancière, Bensaïd, Zerzan, Balibar, Chomsky, Said, entre tantos outros. Por outro lado, essa ligação é também evidente se considerarmos a tensão, tornada clara nas décadas de 60/70 e ainda hoje fortemente identificável, entre um marxismo mais ou menos renovado e a emergência de fórmulas anarquizantes e libertárias.

Entre as diferentes correntes que convergiram na crítica à globalização neoliberal nem todas se identificam com a "esquerda radical" se por esta entendermos as opiniões para as quais a superação do capitalismo, e

[37] Wright, Erik Olin, *Envisioning Real Utopias*, Londres, Verso, 2010, pp. 37-85.

não apenas a sua reforma, é o objetivo. Simon Tormey[38] propõe uma tipologia que parece ser útil para distinguir os diferentes posicionamentos à esquerda no início do século XXI. Um deles – o que autor chama de "reformismo social-democrata" – não pode ser incluído no campo da "esquerda radical", ainda que, no atual contexto, se situe fora do centro político e, desse modo, tenha acabado por confluir com sectores anticapitalistas.

Com efeito, num contexto neoliberal, a defesa de alguns dos princípios e das conquistas da social-democracia é frequentemente tida, pelo senso comum hegemónico, como uma tomada de posição radical. Nesta linha encontram-se os que defendem um "reformismo forte", assente numa política keynesiana, no controlo da especulação e dos mercados, na redistribuição mundial dos recursos. Este reformismo radical tem, para Tormey, duas vertentes. A primeira é o "internacionalismo nacionalista", que concebe o Estado-nação como o espaço em que a democracia efetivamente existe, donde decorre a defesa do reforço das suas capacidades de ação para regular e redistribuir recursos (penalizar deslocalizações, defender os direitos do trabalho e os serviços públicos, etc.), bem como uma aposta nos espaços de articulação regional – União Europeia, Mercosur – para equilibrar o unilateralismo norte-americano. Neste campo estariam, por exemplo, algumas das formações partidárias que acabaram por protagonizar governos na América Latina[39], intelectuais como Pierre Bourdieu[40] ou associações do tipo da ATTAC em França, na qual se destacaram personalidades como Susan George[41], Bernard Cassen[42] ou Ignacio Ramonet[43],

[38] Tormey, Simon, *Anti-capitalism. A beginner's guide*, Oxford, Oneworld Publications, 2004.

[39] Para dar exemplos muito diferentes, alguns dos quais tiveram evoluções polémicas na sua linha e orientação política, podemos referir, numa linha reformista, o Partido dos Trabalhadores no Brasil e, numa versão mais ligada ao chamado "socialismo do século XXI", a *Aliança Patria Altiva e Soberana* no Equador, o *Movimento Al Socialismo* na Bolívia ou o *Movimento da Quinta República* na Venezuela, depois transformado no *Partido Socialista Unificado da Venezuela*. Evidentemente que, do ponto de vista ideológico, é problemático agrupar estas organizações tão diferentes nesta categoria.

[40] Bourdieu, Pierre, *Contrafogos*, Oeiras, Celta, 1998.

[41] George, Susan, *Another World is Possible If*, Londres, Verso, 2004.

[42] Primeiro presidente, entre 1998 e 2002, da Associação ATTAC, que se destacou no movimento alterglobal e que nasceu em torno da proposta da Taxa Tobin sobre as transações financeiras.

[43] Diretor do jornal *Le Monde Diplomatique* entre 1991 e 2008. Foi o autor do editorial desse jornal que lançou a associação ATTAC.

que criticaram duramente a deriva neoliberal da social-democracia europeia. A segunda linha de regresso à social-democracia é daqueles que, numa versão de "idealismo reformista" (para recorrer à expressão de Tormey), defendem um "governo mundial" capaz de lutar pela "justiça global", regulando os mercados, promovendo o bem-estar, criando mecanismos de transparência das instituições transnacionais, promovendo o respeito pelas identidades culturais e pelas minorias e uma participação à escala planetária capaz de fazer emergir uma "cidadania global". Essa é a posição, por exemplo de David Held[44] ou George Monbiot[45].

Ainda que estas correntes tenham tido destaque no ciclo de contestação de que vimos falando, o seu protagonismo foi disputado por muitas outras opiniões. Entre estas destaca-se, naturalmente, o marxismo.

No final do século XX, não faltaram diagnósticos sobre a "crise do marxismo". Contudo, como defende Kouvelakis[46], tratou-se de uma crise e não de uma morte. Na realidade, quando nos referimos a estas crises não queremos apenas apontar momentos em que o marxismo perde influência, mas também conjunturas em que, porque alguns dos seus pressupostos são questionados, existem releituras, inovações conceptuais e esforços críticos que renovam e revitalizam o próprio marxismo. Se a primeira crise se pode situar no momento em que a social-democracia abandona a revolução (cujo clímax é a aprovação dos créditos de guerra pelo SPD alemão em 1914), se a segunda crise se situaria nos anos 1960/70 (em que as dinâmicas dos novos movimentos sociais e do pós-estruturalismo tanto puseram em causa alguns dos pressupostos do marxismo e a sua hegemonia no campo da crítica como o renovaram e diversificaram), a terceira crise estaria então relacionada com uma época em que o chamado "socialismo real" colapsa e a social democracia abandona o próprio projeto social democrata. André Tosel lembra que esta crise afetou profundamente o campo do marxismo-leninismo, com a sua filosofia determinista e prática política autoritária, mas libertou os marxismos heterodoxos: "na procura de uma ligação nova, problemática, entre teoria e prática, os mil marxismos

[44] Held, David et al., *Global Transformations: Politics, Economics and Culture*, Cambridge, Polity Press, 1999.

[45] Monbiot, George, *The Age of Consent*, Londres, Flamingo, 2003.

[46] Kouvelakis, Sathis, "The Crises of Marxism and the Transformation of Capitalism", in Kouvelakis, Sathis; Bidet, Jacques (eds.), *A Critical Companion to Contemporary Marxism*, Boston, Brill, 2008, p. 26.

representam a frágil forma da continuidade descontínua e quebrada da tradição marxista"[47]. Se o poder preditivo do marxismo pareceu afectado, o seu poder analítico manteve-se em muitos aspectos intacto e a vaga de mobilizações globais iniciada em 1999 iria revelar a importância desta tradição. Com efeito, os marxismos – em particular os que vinham da filiação trotskista[48] e da chamada "nova esquerda" – tiveram um papel muito relevante neste movimento. A vantagem das correntes marxistas neste campo pode ser atribuída a três características: o facto de possuírem uma crítica sofisticada e profunda do capitalismo em todas as suas dimensões, a circunstância de terem organizações e de não descurarem essa necessidade e o facto de oferecerem algumas indicações sobre o futuro pós-capitalista e como lá chegar[49].

Este campo dos "mil marxismos" é naturalmente diverso. Em comum, existe uma atenção particular às relações de produção e de propriedade na explicação da globalização neoliberal, a defesa da necessidade de organizações revolucionárias para a transformação social (partidos, movimentos), a insistência na transferência dos meios de produção para as mãos dos trabalhadores, a defesa de uma estratégia de rotura com o capitalismo. Em grande parte dos processos de refundação política à esquerda, correntes do marxismo heterodoxo tiveram um papel crucial, defendendo uma tática de alianças anti-neoliberais apropriadas à nova fase histórica – patente quer em termos do movimento social, quer nos processos de realinhamento partidário.

Nesta tradição encontram-se, por exemplo, as reflexões de Daniel Bensaïd. Na sua obra, há um certo romantismo anti-determinista que não dispensa a ideia da revolução como bifurcação da história. Bensaïd foi um dos principais autores a saudar entusiasticamente a emergência deste "novo internacionalismo"[50] e a defender a necessidade de uma "razão estratégica"

[47] Tossel, André, "The Development of Marxism: From the End of Marxism-Leninism to a Thousand Marxisms - France-Italy, 1975–2005", in Kouvelakis, Sathis; Bidet, Jacques (eds.), *op. cit.*, pp. 41-45.

[48] Deve destacar-se, a este nível, o papel de organizações como o Socialist Workers Party (SWP), em Inglaterra, ou de intelectuais como Alex Callinicos e Daniel Bensaïd, o primeiro dirigente do SWP e o segundo da Liga Comunista Revolucionária (LCR) francesa (Quarta Internacional).

[49] Tormey, Simon, *Anti-capitalism. A beginner's guide,* Oxford, Oneworld Publications, 2004, p. 108.

[50] Bensaïd, Daniel, *Le nouvel internationalisme,* Paris, Les éditions Textuel, 2003.

que fosse para além da celebração da comunhão e que não caísse na armadilha da "ilusão social". Bensaïd faz o elogio da política profana como "arte estratégica" e, contra a ideia da autosuficiência dos movimentos, combate o "eclipse da razão estratégica", que dissolve o político no social e evita a discussão sobre as diferentes escolhas de sociedade que estão em jogo em cada momento.[51]

Também Alex Callinicos se inscreve nesta tradição de uma renovação do marxismo em polémica simultaneamente com a degenerescência da social-democracia e com o pós-modernismo. O seu *Manifesto Anti-Capitalista*[52] ou a defesa que faz da noção de transcendência[53] – nas suas palavras, a questão de saber "como ir para além dos limites fixados pelas práticas e crenças existentes e produzir algo novo" – vão nesse sentido. Callinicos rejeita assim a celebração do fim das "grandes narrativas" e uma visão pós-moderna que assumiria o esgotamento dos projetos totalizantes de transformação social. Rejeita também a cedência a uma lógica reformista de "resolução de problemas" que não tome como referência a possibilidade de transcender o capitalismo.

No campo da crítica da relação entre capitalismo, subjetividade e estruturas culturais estão, por exemplo, alguns dos contributos de Zizek sobre as "ilusões de liberdade" e o "multiculturalismo despolitizado" como ideologia do capitalismo contemporâneo[54]. Por outro lado, mais recentemente, tem havido um ressurgimento do debate sobre o comunismo. Uma das figuras que o tem animado é o filósofo Alain Badiou, para quem agora, sem a sua associação imediata aos fantasmas do "socialismo real", a "hipótese comunista" deverá fazer o seu caminho distante da "forma-partido" e afastando-se do socialismo enquanto projeto que visa e se relaciona com o Estado[55]. Bruno Bosteels, um outro autor que tem trabalhado em torno da

[51] Bensaïd, Daniel, *Éloge de la politique profane*, Paris, Albin Michel, 2008.

[52] Callinicos, Alex, *An Anti-Capitalist Manifesto*, Cambridge, Polity Press, 2003.

[53] Callinicos, Alex, *The Resources of Critique*, Cambridge, Polity Press, 2006.

[54] Zizek, Slavoj, *Elogio da Intolerância*, Lisboa, Relógio D'Água, 2007.

[55] Badiou, Alain, *The Communist Hypothesis*, Londres, Verso, 2010. Este ressurgimento é patente também na publicação de várias obras sobre o tema e concretizado na realização de encontros académicos, como o concorrido "Sobre a Ideia de Comunismo", realizado em Londres em Março de 2009 por Slavoj Zizek e Costas Douzinas, ou o congresso "Poderes do Comunismo: de que é nome hoje o comunismo?", ocorrido em Paris em Janeiro de 2010, e organizado por Daniel Bensaïd.

"atualidade do comunismo", usa precisamente o exemplo de Alvaro Garcia Linera para se afastar do "anti-estatismo" de alguns dos pensadores radicais da atualidade, entre os quais Badiou[56].

Uma outra tradição dentro da esquerda radical é a do autonomismo. As suas raízes estão no conselhismo do início do século XX (Antonie Pannekoek, por exemplo), no marxismo libertário ou no *operaismo* italiano das décadas de 1960/70. Este último opunha ao determinismo objetivista da Internacional Comunista uma grande revolução subjetiva dos trabalhadores e estudantes, procurando nos trabalhadores migrantes e desqualificados a disrupção da rotina da esquerda e das lutas operárias, insistindo na necessidade de acabar com o trabalho assalariado e enfatizando a subjetividade da classe contra a subjetividade da organização centralizada (nomeadamente sob a forma-partido)[57].

O *operaismo* teve um extraordinário e surpreendente ressurgimento no início do século XXI com o zapatismo, o movimento dos *Tute Bianche*[58] e a popularidade da obra de Toni Negri e Michael Hardt[59], transformada numa "bíblia do movimento alterglobalização"[60]. Na análise crítica de André Tosel, existe uma continuidade entre as propostas de "Império" e algumas das tendências anteriores desta corrente: um certo determinismo tecnológico (como se o trabalho imaterial e a internet fizessem já emergir, de certo modo, espaços de comunismo), uma metafísica positiva do poder delegado na "multidão", a dissolução da noção de imperialismo num "Império" sem centro identificável.

Um dos conceitos mais popularizados por Negri foi, com efeito, o de multidão. Para ele, trata-se de uma "imanência", "um conjunto de singularidades não representáveis". A multidão resulta assim "da modificação radical do modo de produção que decorreu com a hegemonia da força de trabalho imaterial e do trabalho vivo cooperante – uma verdadeira revolução ontológica, produtiva e biopolítica"[61]. A multidão, cuja potência é

[56] Bosteels, Bruno, *The Actuality of Communism*, Londres, Verso, 2011, pp. 225-268.

[57] Tossel, André, *op. cit.*, pp. 56-67.

[58] Grupo ativista surgido em Itália, com uma forte ligação aos centros sociais (nomeadamente o célebre Leoncavallo em Milão) e ao coletivo *Ya Basta!*.

[59] Hardt, Michael e Negri, Antonio, *Império*, Lisboa, Editora Livros do Brasil, 2004.

[60] Tossel, André, *op. cit.*, p. 67.

[61] Negri, Toni, "Para uma definição ontológica da multidão", in Dias, Bruno Peixe; Neves, José (coord.), *A Política dos Muitos*, Lisboa, Tinta da China, 2010, pp. 407-418.

ser um poder constituinte que resiste sempre à sua institucionalização em soberania é, para Negri, o conjunto indiferenciado dos "de baixo" e a ausência de unidade parece ser em si mesma um projeto político: a resistência da multidão desenvolver-se-á como poder constituinte através da coordenação espontânea das singularidades que a compõem. Neste caso, a militância e o ativismo aparecem não tanto associados à paciência revolucionária, que vai intervindo na relação de forças e que prepara a crise revolucionária, mas mais como uma combinação de uma resistência imediata com a esperança quase teológica num acontecimento incerto.

Um outro representante destas correntes é John Holloway[62], que justamente apareceu como um dos intérpretes da "insurreição zapatista". A sua ideia fundamental é que se deve desvincular a revolução da "conquista do poder de Estado". Por um lado, insiste que a luta não é um instrumento para atingir a emancipação, mas ela é o próprio processo de emancipação. Por outro, critica a ideia de um "marxismo científico" que concebe a história como um trajeto de certeza. Por último, rejeita a ideia de que o conhecimento sobre o mundo social e a teoria revolucionária são uma ciência levada "às massas" a partir de fora (*saber-sobre* é *poder-sobre*), o que implicaria que a prática de consciencialização fosse sempre hierárquica, tendencialmente autoritária e exterior. Muitas destas questões não são propriamente novas, como se sabe. O maior ponto de polémica de uma perspectiva como a de Holloway está, todavia, em saber se, ao propor na prática que a esquerda radical se descentre ou desista da disputa do Estado, não reduz a ação daquela ao aproveitamento dos poucos espaços de liberdade que o capitalismo deixa em aberto, criando apenas aí os contextos em que se põe a funcionar a vida com outros princípios que não os do sistema em que vivemos.

Independentemente da operacionalidade analítica e estratégica destas teorias, a verdade é que o autonomismo ganhou força no campo da esquerda radical e influência entre os ativismos. Algumas das suas características poderiam ser identificadas do seguinte modo: uma ênfase na abertura do processo histórico e na importância das lutas políticas sobre as económicas; uma procura dos setores menos integrados da classe

[62] Holloway, John, *Changing the World without Taking Power*, Nova Iorque, Pluto Press, 2003. Livro disponível integralmente em http://libcom.org/library/change-world-without-taking-power-john-holloway.

trabalhadora, aqueles de onde poderia emergir uma resistência direta ao poder do capital; um combate a todas as formas de concentração do poder político e económico, nomeadamente aquele detido pelos representantes sindicais ou pelas estruturas partidárias; uma clara preferência pelas lutas locais, descentralizadas e pela auto-organização, em detrimento das estruturas maiores; uma vontade de distância, mais que de disputa, face ao aparelho de Estado[63].

Não é só o autonomismo que ganha expressão neste período. A ascensão do movimento "antiglobalização" está associado também a um ressurgimento geral do anarquismo, como se este vivesse uma terceira vaga, depois do seu primeiro ciclo (que terminou com a guerra civil espanhola) e do período correspondente à década de 1960. Para alguns, o anarquismo é mesmo "o principal ponto de referência" destes movimentos, a "sua alma", a corrente de onde veio o que houve de novo em relação a experiências anteriores (centros sociais, comunidades eco-feministas, festas de rua, bloqueios de reuniões)[64].

David Graeber designou estes ativistas, num artigo que se tornaria famoso, como "os novos anarquistas"[65]. Para Graeber, são os princípios organizacionais que definem ideologicamente esta corrente: "as novas formas de organização são a sua ideologia", através de "redes baseadas em princípios de democracia por consenso, descentralizada e não hierárquica". De facto, é em grande medida em torno de escolhas organizativas e na questão dos meios e dos fins que os anarquistas mais pretendem distinguir-se das outras correntes da esquerda radical. Algumas das diferenças clássicas que opuseram Bakunine a Marx atualizam-se nos movimentos de hoje: a ideia de que o desejo de romper com o capitalismo pode ser encontrado em todos os indivíduos e não é um atributo especial de uma classe; a critica à integração dos trabalhadores no capitalismo; a ideia de que o poder, nomeadamente o poder do Estado, não pode ser utilizado para fins revolucionários[66]. A oposição ao poder centralizado, à burocracia em geral e ao Estado em particular, bem como a defesa da predominância da ação

[63] Tormey, Simon, *Anti-capitalism. A beginner's guide*, Oxford, Oneworld Publications, 2004, pp. 115-117.

[64] Gordon, Uri, "Anarchism reloaded", in *Journal of Political Ideologies*, n.12, 2007, pp. 29-48.

[65] Graeber, David, "The New Anarchists", in *New Left Review*, n. 13, 2002, pp. 61-73.

[66] Tormey, Simon, *Anti-capitalism. A beginner's guide*, Oxford, Oneworld Publications, 2004, p. 122.

direta, parecem ser comuns nas várias matizes do anarquismo. Isto não quer dizer que não existam diferenças importantes, nomeadamente as que se estruturam em torno da questão da violência, sendo clara a divergência entre, por exemplo, os *Black Bloc* (uma tática que faz a apologia da resistência violenta e do confronto direto com a polícia) e a "frivolidade tática" de grupos como o *Rebel Clown Army*[67] ou os Ritmos de Resistência.

Esta nova vaga anarquista não é apenas, note-se, uma repetição do passado. De acordo com Todd May[68], a Proudhon, Bakunine ou Kropotkine, juntar-se-iam agora Foucault (e a sua micropolítica anti-humanista), Deleuze (com o pensamento rizomático e nómada), Lyotard (com o fim das meta-narrativas), Baudrillard (com a teoria dos simulacros), dando origem a um "anarquismo pós-estruturalista" que faz da convivialidade, da associação anti-autoritária, da democracia direta, da espontaneidade, da ironia, da crítica contracultural e da rejeição de visões totalizantes sobre o mundo alguns dos seus traços dominantes. A incorporação destas novas concepções (contingência, pluralidade, política identitária...) leva inclusivamente alguns autores a falarem de um "pós-anarquismo"[69].

Uma última palavra para o ecologismo radical, que estabeleceu uma relação importante com alguns movimentos originais como o *Reclaim the Streets* (que se tornou famoso pela ocupação festiva do espaço público) ou a *Massa Crítica* (que promove a utilização da bicicleta e uma relação diferente com o espaço urbano). Muitas vezes encontram-se nesta corrente posições híbridas, que podem oscilar entre uma aproximação maior ao marxismo, ao anarquismo ou ao autonomismo. Muitos estão certamente mais próximos do socialismo utópico e do seu romantismo anti-moderno do que de um marxismo desenvolvimentista e industrializador. Nesta linha pode incluir-se o fundador do ecologismo social, defensor do municipalismo libertário e do comunalismo, Murray Bookchin[70]. Alguns, como John Zerzan[71], assumem claramente uma forma de primitivismo contra a civilização industrial, recusando as ideias de crescimento económico e de desenvolvimento. Outros têm desenvolvido um trabalho de reflexão e

[67] Cf. http://www.clownarmy.org/.

[68] May, Todd, *The Political Philosophy of Poststructuralist Anarchism*, Pensilvânia, Pennsylvania State University Press, 1994.

[69] Rousselle, Duane; Evren, Süreyyy, *Post-Anarchism. A reader*, Londres, Pluto Press, 2011.

[70] Bookchin, Murray, *Social Ecology and Communalism*, Oakland, AK Press, 2007.

[71] Zerzan, John, *Futuro Primitivo*, Porto, Deriva, 2007.

cruzamento entre estas perspectivas e o marxismo, como no caso do eco-socialismo proposto por Joel Kovel e Michael Löwy[72]. Um dos temas que mais centralidade tem ganho neste campo é o do decrescimento, dando origem a inúmeras publicações, debates e coletivos[73].

## IV. Sujeitos de Emancipação, Esquerda Política e Debates Estratégicos

No início do século XXI, a esquerda radical viu-se perante a necessidade de uma renovação programática, estratégica e organizativa. De acordo com Michel Brie e Cornelia Hildebrandt[74], os vários processos de recomposição da esquerda radical na Europa partilharam três desafios comuns. Aconteceram num contexto de transição entre formas de acumulação e de regulação em que o capitalismo e a direita são hegemónicos. Tiveram lugar à escala europeia e numa situação em que, do ponto de vista dos movimentos e dos sindicatos, já existe alguma articulação. Os movimentos assumiram muitas vezes, neste campo, uma capacidade de mobilização e um protagonismo mais forte do que as organizações políticas tradicionais.

Os novos sujeitos sociais e políticos que ganharam importância a partir das décadas de 1960/70 (negros, gays, lésbicas, presos, migrantes, ou qualquer outro tipo de combinação entre estas e outras categorias) situam-se nos antípodas de identidades como "povo" ou "classe operária", cuja ambição era precisamente que pudessem coincidir, pelo menos em termos estratégicos, com toda a sociedade. A erosão da centralidade da classe operária – centralidade essa que era não apenas demográfica mas também produto de uma hegemonia política paulatinamente construída – esboroou-se a partir de finais da década de cinquenta, dando origem a novos sujeitos históricos – ou seja, atores susceptíveis de serem os vectores da transformação social – para além da classe operária industrial. Boa parte do trabalho de inovação teórica atual inscreve-se por isso numa linha que busca problematizar política e epistemologicamente estes novos atores sociais. É o

[72] Kovel, Joel; Löwy, Michael, "An Eco-socialist Manifesto", 2001. Disponível em: http://www.iefd.org/manifestos/ecosocialist_manifesto.php.

[73] Latouche, Serge, *Pequeno Tratado do Decrescimento Sereno*, Lisboa, Edições 70, 2012.

[74] Brie, Michel e Hildebrandt, Cornelia (eds.), *Parties of the Radical Left. Analysis and Perspectives*, Berlim, Rosa Luxemburg Foundation, 2005. Para uma leitura diferente, centrada sobretudo na relação dos diversos partidos de esquerda radical com as eleições e as instituições, veja-se: March, Luke e Freire, André, *A Esquerda Radical em Portugal e na Europa – Marxismo, Mainstream ou Marginalidade?*, Porto, QuidNovi, 2012.

caso dos trabalhos de Judith Butler, questionando as identidades sexuais, dos estudos sobre o subalterno de Dipesh Chakrabarty, Ranajit Guha ou Gayatri Spivak ou do interesse de Badiou pelos emigrantes indocumentados, que condensam em si as tendências atuais do capitalismo: mobilidade, diminuição dos salários, degradação das condições de trabalho.

O movimento alterglobal, ao colocar em comunicação diferentes lutas e ensaiando a possibilidade de tradução entre elas, acabou por colocar de novo na ordem do dia, contra uma certa fragmentação teórica, a questão da totalidade ou das convergências estratégicas entre sujeitos dominados. A procura dessas alianças foi também um desafio para as esquerdas políticas.

Este ciclo de mobilizações globais foi por isso o tempo de uma recomposição da esquerda radical que deu origem a novos sujeitos políticos. Os efeitos devastadores da globalização neoliberal, a progressiva identificação da esquerda moderada com a ideologia liberal e as alianças forjadas no contexto do movimento alterglobal levaram a aproximações entre partidos comunistas do leste, cisões de partidos comunistas no ocidente, sectores que romperam com a social-democracia, organizações trotskistas e maoístas, organizações da nova esquerda da década de 1970 e sectores radicalizados dos novos movimentos sociais. O Partido da Esquerda Europeia, fundado em 2004, representa um pouco o espaço de convergência entre esses atores políticos, sendo que, do ponto de vista nacional, o Partido da Refundação Comunista em Itália, o Bloco de Esquerda em Portugal, o *Syriza* na Grécia, o *Die Linke* na Alemanha ou, mais recentemente, o *Front de Gauche* em França[75], são alguns dos exemplos mais eloquentes desses processos de recomposição e convergência. Em comum, pode identificar-se um discurso anticapitalista que integrou e deu centralidade às questões "pós-materialistas"[76], uma opção europeísta (por contraponto aos Partidos

[75] O *Front de Gauche* em França e o *Die Linke* na Alemanha representam bem essa aliança entre a esquerda radical e sectores políticos que romperam com a social democracia. Quer num caso quer noutro, os principais protagonistas, Oskar Lafontaine ou Jean-Luc Mélanchon, vêm precisamente desses sectores, tendo tido papel de destaque enquanto dirigentes do SPD alemão e do PS francês.

[76] O conceito de pós-materialismo tornou-se bastante popular nas ciências sociais. Introduzido por Ronald Inglehart numa obra marcante do final da decada de 1970, o termo é mobilizado para designar uma mudança cultural nas sociedades em que o crescimento económico e a segurança pareciam estar relativamente asseguradas e onde haveria por isso uma importânica crescente de atitudes e valores relacionados mais com a autoreealização e com a participação e menos com a manutenção da ordem e das condições materiais de existência. Muitas vezes,

Comunistas mais ortodoxos), uma tentativa de forjar novas formas de relação com a sociedade civil (o chamado "partido de tipo novo"), uma procura de formas de representação dos novos sujeitos do trabalho precarizado e informal, uma disputa permanente do património da social-democracia, em particular no que diz respeito à defesa dos serviços públicos.

Como é evidente, o campo da esquerda radical não se resume a estes partidos. Na verdade, continua aceso o debate entre diferentes sensibilidades, correntes teóricas, tradições políticas ou histórias organizativas. Num campo que inclui desde a miríade de tradições libertárias ao marxismo heterodoxo, das correntes autonomistas e pós-anarquistas aos herdeiros de vários socialismos, as diferenças na concepção e na relação com o Estado, o modo como se pensam os sujeitos emancipatórios, as lógicas de intervenção nos movimentos sociais, a forma de conceber as alianças, os programas intermédios e a relação com o poder e as instituições, o posicionamento em relação à Europa, a ênfase na dimensão mais social ou mais política dos processos de transformação, entre outras questões, marcam ainda hoje a pluralidade da esquerda radical.

A partir de meados dos anos 2000, a capacidade aglutinadora do movimento alterglobal enfraqueceu. As lutas sociais dispersaram-se e, de certo modo, "renacionalizaram-se". A América Latina assistiu à eleição de alguns governos progressistas[77]. Na Europa, pelo contrário, a luta tornou-se ainda

encaram-se os Novos Movimentos Sociais e as suas reivindicações (nomeadamente em relação ao aborto, aos direitos das pessoas LGBT, à ecologia, à defesa de uma ética não especista, à defesa da autonomia individual em geral) como expressão desta realidade. Em alguns casos, ensaiaram-se também a este nível explicações de natureza geracional, opondo as gerações mais jovens e mais velhas, por exemplo na relação com o trabalho, domínio em que os primeiros valorizariam mais os aspetos expressivos (a possibilidade de realização e convivialidade intrínseca à atividade), por contraponto às gerações mais velhas que teriam tendência a valorizar mais os aspetos instrumentais (o trabalho como fonte de rendimento e segurança). Inglehart, Ronald, *The Silent Revolution*. New Jersey: Princeton University Press, 1977.

[77] É o exemplo do Brasil de Lula e Dilma e da Argentina de Nestor e Cristina Kirchner, cujos programas sociais eficazes trouxeram mudanças assinaláveis, ainda que não pareçam ter a ambição de uma rotura paradigmática. É o caso, também, de governos cujo discurso assenta na defesa do "socialismo do século XXI" como superação do capitalismo e processo de transformação social: na Bolívia com Evo Morales, na Venezuela com Chavez, no Equador com a eleição de Rafael Correa. Para uma análise dos novos processos de mudança política na América Latina, ver: Rauber, Isabel, *Revoluciones desde abajo. Gobiernos populares e cambio social en Latinoamérica*, Buenos Aires, Ediciones Continente, 2010.

mais defensiva e os EUA entravam na "era Bush". Seria preciso esperar até 2011 para ver ressurgir com força um movimento à escala internacional com capacidade de ocupar as ruas e a agenda política. Da praça Tahrir no Egipto a Syntagma na Grécia, dos *Indignados* espanhóis ao movimento *Occupy Wall Street*, há hoje uma nova vaga de protesto.

O contexto atual é diferente do de há 10 anos. As mobilizações de 2011, cujas réplicas ainda se manifestam, surgiram no marco da maior crise capitalista das últimas décadas e partem – na maior parte dos casos – da indignação em relação à injustiça social, ao impactos sociais da "ditadura dos mercados" e à cumplicidade de governos e instituições em relação ao processo de empobrecimento em curso. Nelas ganham destaque a centralidade das questões do trabalho, o acentuar da crítica ao sequestro das democracias pelo poder económico e as dificuldades e limitações das formas tradicionais de representação e organização[78]. Alguns debates estratégicos voltam a emergir no período atual. Vale por isso a pena tentar identificar, ainda que de forma exploratória, alguns dos campos de definição e polémica dentro do pensamento e da *praxis* deste campo político.

A partir da década de 1970, as esperanças revolucionárias, em particular no continente europeu, foram sendo goradas. À medida que a possibilidade da revolução ia sendo descartada do campo dos possíveis, as energias transformadoras foram sendo canalizadas para projetos de resistência através da contracultura e da promoção de espaços de sociabilidades alternativas, reavivando-se um espírito neo-libertário na esquerda radical. De acordo com um conjunto de teorias que ganharam peso e adeptos no campo do pensamento crítico, a *desobediência*, a *resistência*, a construção de *espaços autónomos*, a *insurreição*, passariam a constituir o campo privilegiado da emancipação. A celebração da resistência e da sua multiplicação é, de facto, um ponto forte de várias destas teorias. Em muitos casos, elas advogam uma conceção da luta que a transforma num exercício de *exílio*, de *fuga*, de distanciamento face ao aparelho de Estado que recusa o seu afrontamento como estratégia. Esta polémica é fonte de clivagens importantes dentro da esquerda radical. O esloveno Slavoj Zizek, um dos filósofos com maior audiência nos dias de hoje, identifica precisamente aí a principal debilidade destas propostas. Nas suas palavras, "os pensadores do contrapoder

[78] Cf. Sevilla, Carlos; Fernandez, Joseba; Urbán, Miguel, *¡Ocupemos el mundo!*, Madrid, Antrazyt, 2012.

teorizam a derrota por antecipação. Interiorizaram-na e naturalizaram-na de tal modo que se tornaram incapazes de imaginar outra coisa que não seja as zonas de autonomia temporária nas margens do sistema"[79].

Esta diferença estratégica tem as suas declinações práticas, que se evidenciam, por exemplo, na questão de saber se os movimentos radicais devem dirigir reivindicações ao Estado. O debate reedita em muitos aspetos um outro, que é o de saber se o Estado é apenas uma expressão dos interesses dominantes ou se é uma relação social intrinsecamente contraditória, que exprime as diferentes relações de força em cada momento. Do ponto de vista da ação política, trata-se de saber se se privilegia a ação direta, a ação institucional ou uma articulação das duas.

Uma das críticas que mais se fizeram aos movimentos dos *Indignados* foi a de "não terem reivindicações". Uma breve consideração dos manifestos, resoluções aprovadas e iniciativas subsequentes bastaria para contradizer esta ideia. Mas é verdade que o próprio movimento é atravessado por respostas diferentes a este problema. Uma resposta possível consiste, basicamente, na assunção de que a inexistência de uma lista de reivindicações se compagina com a própria natureza do movimento: não é defeito mas é feitio. Judith Butler, por exemplo, considera que o movimento *Occupy* nunca poderia ser compreendido através de uma "lista de reivindicações" uma vez que "uma lista não explica como é que essas reivindicações estão ligadas umas às outras" e que a grande questão que o movimento coloca é o crescimento das desigualdades sociais e económicas que atravessam todas as reivindicações específicas. Mais ainda, insiste que as várias lutas do movimento (contra o poderio do sistema financeiro, o endividamento dos estudantes, o direito à habitação...) não podem ser separadas umas das outras. Ao dirigir-se ao sistema económico enquanto estrutura, essa opção evita assim, para Butler, que se possam cooptar reivindicações ou fazer "pequenos ajustamentos" ao sistema que se contesta. Por outro lado, não formular essa lista parte também do não reconhecimento da legitimidade das autoridades a que tal lista se poderia – as que detêm o monopólio da política[80]. Para Carlos Taibo, o debate espanhol sobre a questão das reivindicações e das propostas pode ser caracterizado em três linhas. A primeira, dos jovens

[79] Zizek, Slavoj, *Le Sujet qui fâche. Le centre absent de l'ontologie politique*, Paris, Flammarion, 2007, p. 316.

[80] Butler, Judith, "So, what are the demands? And where do they go from here?", in *Tidal. Occupy Theory, Occupy Strategy*, n. 2, 2012.

indignados, inclinar-se-ia para a elaboração de propostas concretas e parciais dirigidas ao Estado e às instituições. A segunda, mais apoiada pelos movimentos alternativos e pelas correntes libertárias, defenderia essencialmente a criação de espaços de autonomia à margem do sistema, sem se dirigir ou reconhecer as autoridades existentes como legítimas. A terceira posição seria entender a elaboração de propostas pelo movimento como dirigidas não tanto às autoridades mas aos cidadãos, isto é, ao debate e à construção do próprio movimento a partir de um programa[81].

Na realidade concreta, o que tem acontecido é uma combinação destas várias posições. No caso espanhol, as propostas "cidadanistas" sobre o sistema eleitoral fizeram caminho, ao mesmo passo que a criação de espaços de autonomia se descentralizou. No caso norte-americano, o movimento disseminou-se, enraizando-se mais localmente e sendo referência para campanhas que envolvem os movimentos estudantil, sindical e popular sobre a questão do endividamento dos jovens, da habitação ou da taxação do capital financeiro. No caso português, um conjunto de movimentos lançou a Iniciativa Legislativa de Cidadãos – a Lei contra a Precariedade – que envolveu milhares de assinaturas em torno de uma proposta concreta que, ao mesmo tempo, põe em causa a lógica profunda dos processos de precarização que são o traço do capitalismo e da política da austeridade no campo laboral.

Um ponto importante de contestação por parte da esquerda radical tem também sido a diluição dos mecanismos democráticos, que em alguns países tem levado a um esvaziamento da democracia e à sua "baixa intensidade", por vezes caminhando a par com o surgimento de partidos e movimentos de extrema-direita. Por outro lado, este espaço político tem-se igualmente insurgido contra a "expulsão do político" da esfera económica, precisamente aquela que mais impacto tem na vida das pessoas. É neste sentido que tem ganho centralidade a questão da "ditadura da dívida"[82], a rejeição das políticas de austeridade e a dinamização de iniciativas para auditorias cidadãs à dívida, que se desenvolvem atualmente em vários países[83].

[81] Taibo, Carlos, *El 15-M en sesenta preguntas*, Madrid, Catarata, 2011.

[82] Louçã, Francisco; Mortágua, Mariana, *A Dívidadura. Portugal na Crise do Euro*, Lisboa, Bertrand, 2012.

[83] É o caso da Iniciativa por uma Auditoria Cidadã à Dívida Pública em Portugal. Ver: http://auditoriacidada.info.

O caso da Grécia é hoje particularmente interessante para a reflexão sobre a esquerda radical, porque revela a sua capacidade de influência num contexto de descredibilização das tradicionais correntes políticas do "centro", sejam as que se inscrevem na família liberal, sejam as que vêm da tradição social-democrata. Naquele país, uma coligação da esquerda radical, o *Syriza*[84], ganhou um peso surpreendente, num contexto em que o campo político da esquerda radical parecia condenado a uma relativa marginalidade. A proposta do *Syriza* nas eleições da primavera de 2012 assentava na constituição de um governo de ruptura com a troika e a austeridade, materializado em cinco pontos concretos que propôs às outras forças políticas. Com uma assinalável habilidade tática, ao não abdicar da disputa do Estado e da participação eleitoral, a esquerda radical passou, de repente, para o centro do debate europeu, sendo não apenas a percursora de reivindicações no campo dos direitos civis que acabariam por tornar-se maioritárias (como aconteceu em Portugal no campo das chamadas "questões fracturantes": os direitos de lésbicas, gays, bissexuais e transgéneros, na política sobre as drogas ou a despenalização do aborto), mas surgindo como uma alternativa de poder[85].

A atual crise do capitalismo tem renovado o interesse pelo pensamento da esquerda radical. Se os movimentos que fizeram a mais recente vaga de protesto se constituíram enquanto íman de vários ativismos, é também porque estas mobilizações articulam, não sem conflitos, novos e velhos protagonistas, militância organizada e militância não organizada. Seria impossível percebê-las sem ter em conta a influência que nelas exerce o que pode hoje considerar-se o campo da esquerda radical, com as diversas correntes e posicionamentos que o integram. No final da década de 1990, a oposição à globalização capitalista fez ressurgir o debate estratégico neste espaço político, reeditando-se em muitos casos polémicas antigas em torno de escolhas atuais, algumas das quais tiveram como protagonistas correntes e figuras que se formaram no período dos "longos anos sessenta". No

[84] Cf. Golemis, Haris, "A Triumph of the Radical Left in Greece – A Message to Europe", in http://old.transform-network.net/en/journal/people/article/a-triumph-of-the-radical-left-in-greece-a-message-to-europe.html (consultado em 17 de setembro de 2012).

[85] O Syriza acabaria por ser o segundo partido mais votado nas eleições realizadas a 17 de junho de 2012. Com 26,89% dos votos, ficou a menos de 3% do partido vencedor, a Nova Democracia (direita), que obteve 29,66%. Nestas eleições, o Pasok, representante da tradição da social-democracia, colapsou e viu a sua expressão reduzida a 12,28%.

início desta década que vivemos, a vaga de mobilizações internacionais tem também criado novos desafios e novas oportunidades para a esquerda radical. O caso dos *Indignados* ou o exemplo grego aí estão para o ilustrar. Com novos temas e novos protagonistas, permanece nestas mobilizações essa tensão de fundo, tal como se manifestou nas décadas de 1960 e 1970, entre o político e o social, entre o espontâneo e o organizado, entre o papel dos sujeitos políticos clássicos, como os sindicatos e os partidos, e as novas configurações coletivas emergentes.

## Bibliografia Essencial

ANDERSON, Perry, *Considerations on Western Marxism*, Nova Iorque, New Left Review, 1976;
BADIOU, Alain, *The Communist Hypothesis*, Londres, Verso, 2010;
BENSAÏD, Daniel, *Marx l'intempestif, Grandeurs et misères d'une aventure critique (XIXe-XXe siècles)*, Paris, Fayard, 1995;
BOSTEELS, Bruno, *The Actuality of Communism*. Londres, Verso, 2011;
CALLINICOS, Alex, *Contra a Terceira Via: Uma crítica Anticapitalista*, Oeiras, Celta, 2002;
HARDT, Michael; NEGRI, Antonio, *Multidão. Guerra e Democracia na Era do Império*, Lisboa, Editora Livros do Brasil, 2005;
HOLLOWAY, John, *Changing the World without Taking Power*, Nova Iorque, Pluto Press, 2003;
HORN, Gerd-Rainer, *The spirit of '68. Rebellion in Western Europe and North America, 1956-1976*, Oxford, Oxford University Press, 2007;
KEUCHEYAN, Razmig, *Hémisphère Gauche. Une cartographie des nouvelles pensées critiques*, Paris, La Découverte, 2010;
KOUVELAKIS, Sathis; BIDET, Jacques (eds.), *A Critical Companion to Contemporary Marxism*, Boston, Brill, 2008.

# Comunismo*

JOÃO VALENTE AGUIAR**

## Introdução

Nas várias abordagens ao longo dos últimos 150 anos a associação entre comunismo e marxismo tem sido tal que por vezes se omitem outras correntes. Contudo, neste trabalho operar-se-á sobretudo em torno de uma sinonímia entre ambos. Por uma questão de economia verbal, pode-se definir o marxismo em termos de uma teoria social no seu sentido mais abrangente, isto é, simultaneamente ancorada nos planos económico, histórico, social, cultural, filosófico e político. Nesta definição, o marxismo é concebido de um modo relativamente oposto à própria construção delimitada das ciências sociais como contemporaneamente as consideramos. Mas se esta visão de totalidade permeia o marxismo, o factor que epistemológica e ontologicamente mais o diferencia de outras correntes científicas e/ou políticas é a forma como constrói a sua perspectiva sobre si mesmo e sobre o mundo social. Explicitando: é a assunção de que o conhecimento científico e a teorização política se entrelaçam a partir de um ponto de vista de classe que diferencia sobremaneira o marxismo.

* Gostaria de agradecer os comentários e a leitura que a Nádia Bastos, o João Bernardo e o Miguel Serras Pereira endereçaram a este texto. Como se costuma dizer nestas ocasiões, tudo o que aqui vai é da minha inteira responsabilidade.
** Doutor em Sociologia pela Faculdade de Letras da Universidade do Porto. Investigador do Instituto de Sociologia da Faculdade de Letras da Universidade do Porto.

Por conseguinte, a nossa análise do marxismo partirá deste pressuposto fundamental. Isto quer dizer que não se abordará o marxismo enquanto conjunto de proposições teóricas e políticas – para isso existem já dezenas de manuais e de artigos – mas enquanto forma científico-política que se foi construindo em torno da reflexão sobre as práticas reais da classe trabalhadora no terreno histórico. Por isso, falar das ideias políticas comunistas ou marxistas é muito mais do que uma exegese de textos, na medida que a génese do próprio comunismo marxista se situa em torno de reflexões 1) de casos históricos relativamente específicos e; 2) das práticas da classe trabalhadora. Em ambos os casos a teoria política espelha sempre o estudo das encruzilhadas que foram surgindo ao movimento proletário.

## I. *The Communist Spectre Flies High* – a entrada do comunismo na política mundial. Três teses fundamentais do *Manifesto*

*Tese 1 – A luta de classes é o motor da História. O proletariado e a classe trabalhadora.* Logo na abertura do primeiro capítulo do *Manifesto*, Marx e Engels afirmam muito claramente que "a história de toda a sociedade até agora existente é a história de lutas de classes"[1]. Esta asserção significa que, com o desabar das comunidades humanas primitivas assentes, na sua generalidade, na propriedade comum dos meios de produção, surge uma nova forma social de organização da vida dos seres humanos: as sociedades de classes. No centro destas estão as desigualdades sociais e, o que é o mais importante, a dominação de uma ou mais classes por uma outra. Esta dominação de classe encontra substrato na forma como se produz e posteriormente se apropria o excedente económico. Assim, os contornos historicamente variáveis da organização social da produção e da vida económica estão na base do surgimento das classes sociais. Contudo, estas não se limitam a ser entidades fixas. De facto, se a inércia da estrutura social da produção e, portanto, se as classes dominadas aceitam a dominação por décadas ou mesmo por séculos, tal não é nunca um facto a decorrer *ad aeternum*. As classes, mesmo nos momentos de maior estabilidade política e social, resistem sempre e, dadas as contradições inerentes a cada modo de produção (esclavagismo, feudalismo, sociedades tributárias, capitalismo, etc.) as classes dominadas são sempre capazes de lançar fortes e pujantes

[1] Marx, Karl e Engels, Friedrich, *Manifesto do Partido Comunista*, Lisboa, Edições Avante, 1974, p. 59.

acções colectivas de luta contra a ordem dominante. A revolta dos escravos de Espártaco contra o Império Romano, as guerras dos camponeses nos campos alemães no século XVI ou as modernas lutas operárias e populares são as provas evidentes de que a luta e os conflitos entre classes antagónicas são o dínamo do desenvolvimento social. As lutas de classes não são um mero enunciado político dos comunistas mas o dínamo das sociedades humanas.

As teses que repetidamente anunciam o fim da classe trabalhadora não são de hoje. Na famosa definição do *Manifesto*, o proletariado, a classe dos modernos operários consubstancia-se naqueles que "só vivem enquanto têm trabalho e só têm trabalho enquanto o seu trabalho aumentar o capital"[2]. Esta definição genérica tem como principal valor a compreensão de que trabalhador assalariado é aquele que se encontra despojado das condições sociais de produção. Daí que ele só subsista enquanto tem trabalho. Por outro lado, o seu trabalho não é apenas uma actividade socialmente útil que produz bens e serviços para a população, mas todo esse lado de satisfação das necessidades humanas está subordinado ao imperativo de "aumentar o capital", isto é, de aumentar o valor económico de que a burguesia se apropria, do trabalho humano que se transforma em mercadoria portadora de mais-valia.

*Tese 2 – A política da classe explorada: a constituição do proletariado como classe.* Sendo a classe trabalhadora uma classe capaz de poder induzir transformações revolucionárias, isso não se concretiza sem a sua mobilização colectiva. O que quer dizer que sem luta e sem a tomada de consciência por parte da classe trabalhadora do seu papel histórico de luta contra o capital, o proletariado encontra-se numa situação de imobilidade. O estado mínimo de organização da classe trabalhadora pode ser observado quando "os operários formam uma massa dispersa por todo o país e dispersa pela concorrência"[3]. Este é o plano preferencial para a reprodução das condições sociais de produção do sistema capitalista. É pela contínua divisão da classe trabalhadora que o capital dirige inúmeros esforços políticos e ideológicos. As tentativas para tentar colocar trabalhadores da função pública contra trabalhadores do sector privado, trabalhadores nativos contra trabalhadores imigrantes, trabalhadores sindicalizados contra traba-

[2] *Idem, ibidem*, p. 67.

[3] *Idem, ibidem*, p. 69.

lhadores não-sindicalizados, trabalhadores efectivos contra trabalhadores precários, trabalhadores empregados contra trabalhadores desempregados, constituem acções políticas e ideológicas promovidas com o claro intuito de desorganizar a classe e fomentar o individualismo. Este é, em muitos casos, o cenário mais frequente em muitos países e em muitas empresas. A questão que Marx e Engels colocam no *Manifesto* é a de que os trabalhadores, ao longo de todo um processo histórico, têm necessariamente de enfrentar o patronato. E o que muitas vezes começa por ser um protesto de um número reduzido de trabalhadores por melhores condições de trabalho na sua empresa, acaba por ganhar uma expressão mais forte e com maior amplitude, extravasando os limites de um qualquer local de trabalho. "As colisões entre o operário isolado e o burguês isolado tomam cada vez mais o carácter de colisões e confrontos de duas classes"[4]. Quer dizer, se a luta operária parte quase sempre do local de trabalho em torno de questões muito específicas, essa mesma luta não pode ser desqualificada. É nela que o proletariado aprende a reivindicar, é nesse ambiente que o individualismo é quebrado, é na luta operária concreta que o trabalhador compreende que ele não é atacado isoladamente nos seus direitos mas que comunga dos mesmos interesses que os seus colegas de classe. Daí que os trabalhadores se reúnam "em defesa do seu salário" e fundem "eles mesmos associações permanentes"[5], como os sindicatos, movimentos sociais ou até partidos políticos. As lutas operárias podem ou não resultar em vitórias definitivas. Mas do ponto de vista do amadurecimento da consciência política e social da classe e da sua capacidade organizativa, o mais importante não é a vitória imediata, mas o fortalecimento dos seus laços de solidariedade e a amplificação dos níveis de consciência de classe: "de tempos a tempos vencem os operários, mas só transitoriamente. *O resultado real das suas lutas não é o êxito imediato, é a união dos operários que cada vez mais se propaga*"[6].

Consequentemente, a luta operária não apenas se consolida no plano das aspirações reivindicativas mais imediatas como se alça à condição de luta política. Luta política contra as políticas de um governo, luta política pela ampliação de direitos, luta política onde a classe trabalhadora

[4] *Idem, ibidem*, p. 70.

[5] *Idem, ibidem*, p. 70.

[6] *Idem, ibidem*, p. 70 (itálicos meus).

se identifica e compreende a si mesma como uma classe com interesses antagónicos aos interesses da classe dominante e como uma classe com uma linha política autónoma dos ideais burgueses. Nas palavras de Marx e de Engels, este é o estado em que se dá a "organização dos proletários em classe, e deste modo em partido político"[7]. Na prática, a classe no seu conjunto tem então maior consciência do mundo social e das leis que o regem, como é capaz de criar organismos próprios para a defesa dos seus interesses: os sindicatos no plano da luta reivindicativa; e organizações políticas de vanguarda, centros de definição estratégica do andamento das movimentações políticas da classe, tendo como objectivo a ampliação da luta dos trabalhadores contra o capital. A estas organizações soma-se o factor mais decisivo de todos: a capacidade de auto-organização colectiva da classe a partir de comités e de assembleias de base nos locais de trabalho, primeiro passo para a produção de novas relações sociais de produção. Retomar-se-á o assunto nas duas próximas secções.

*Tese 3 – O Estado e a sua natureza de classe.* Vivendo numa sociedade de classes, é natural que todos os aparelhos e instituições sociais e políticos adquiram uma relação com a classe social dominante e com os confrontos que se desencadeiam entre as várias classes. O Estado não é excepção. Bem pelo contrário. O Estado é estruturado internamente por dinâmicas de classe e é um dos mais poderosos meios de perpetuação do poder dominante do grande capital. Assim, para o marxismo, o Estado é classificado de acordo com a sua relação com a classe dominante e com o modo de produção em que se encontra. Nesse sentido, é muito pertinente a célebre classificação de Marx da natureza do poder político contemporâneo: "o executivo do Estado moderno não é mais do que uma comissão para administrar os negócios comuns de toda a classe burguesa"[8]. O Estado não é, assim, um mero instrumento mas detém uma importância capital na reprodução do capitalismo: "o poder político é o poder organizado de uma classe para a opressão de uma outra"[9]. Ora, o Estado no capitalismo é um relevante agente de enquadramento e organização da classe dominante, bem como é a mais importante barragem às investidas das lutas operárias e popu-

[7] *Idem, ibidem*, p. 70.
[8] *Idem, ibidem*, p. 62.
[9] *Idem, ibidem*, p. 85.

lares. Por conseguinte, a orientação da luta dos trabalhadores em termos da compreensão da natureza de classe do Estado continua a ser essencial.

No encadeamento do que tem sido exposto, é natural que a política da classe trabalhadora, quando se aproxima da sua auto-organização, passe invariavelmente pela questão da propriedade privada dos meios de produção. "O que distingue o comunismo não é a abolição da propriedade em geral, mas a abolição da propriedade burguesa"[10]. Em poucas palavras, estando a raiz da sociedade contemporânea na exploração da força de trabalho de milhões e milhões de homens e mulheres é perfeitamente óbvio que Marx e Engels afirmem que "só queremos suprimir o carácter miserável desta apropriação, em função da qual o operário só vive para aumentar o capital, só vive enquanto o exige o interesse da classe dominante"[11]. Só com a superação da divisão do trabalho inscrita na propriedade privada capitalista poderá a humanidade alcançar uma real liberdade. De acordo com o marxismo clássico, só a expropriação dos expropriadores assegurará a constituição de uma nova ordem social livre da opressão e da exploração. Nesse sentido, a luta política pela tomada do poder de Estado (e posterior transformação da sua estrutura interna) conjuga-se com a luta pela socialização dos meios de produção: "o proletariado usará o seu domínio político para ir arrancando todo o capital das mãos da burguesia, para centralizar todos os instrumentos de produção nas mãos do Estado"[12] socialista. Suprimindo as condições sociais de produção do capitalismo, o proletariado cria as condições para a edificação de uma nova sociedade. Por conseguinte, a política para o comunismo não pode deixar de estar permanentemente permeada pela classe.

## II. *A Forma é um Conteúdo.* O Estatuto do Político e do Económico no Processo Revolucionário inaugurado pela Revolução de Outubro

Nesta secção adopta-se uma perspectiva que, num primeiro momento, coloca a obra *O Estado e a Revolução* (doravante, *EeR*), de Lenine, em diálogo com a evolução teórica que Marx foi levando a cabo de 1848 a 1871 em torno dos fenómenos operários mais marcantes da sua vida: as revoluções de 1848 e a Comuna de Paris. Num momento subsequente, abordam-se

[10] *Idem, ibidem*, p. 76.
[11] *Idem, ibidem*, p. 78.
[12] *Idem, ibidem*, p. 84.

os modos como Lenine foi conceptualizando a construção de uma sociedade comunista[13]. Ficará, assim, demonstrada a noção que muito mais do que a transformação das relações de produção, a evolução da Revolução de Outubro acabou por não conseguir revolucionar as relações sociais fundamentais do modo de produção capitalista. Apesar das transformações operadas e dos esforços envidados, o isolamento nacional dos objectivos de construção do socialismo, o enfoque simultâneo no estatismo e na equivalência estreita entre o socialismo e o desenvolvimento (tecnológico) das forças produtivas constituíram-se como factores estruturais inultrapassáveis e perante os quais o projecto de construção de um novo modo de produção não passaria das suas primeiras etapas.

Numa obra que se tornaria um dos livros mais vendidos e divulgados do século XX, Lenine operaria uma reflexão sobre o papel do campo político e do campo institucional estatal no processo revolucionário então em franca deflagração[14]. Em traços gerais, Lenine recupera toda a elaboração de Marx e de Engels sobre o Estado. Assentando a sua reflexão na caracterização do Estado burguês e sublinhando a conexão entre o Estado (e a política) e a classe, Lenine defende a tese de que "o Estado é um órgão de *dominação* de classe, um órgão de opressão de uma classe por outra, é a criação da "ordem" que legaliza e consolida esta *opressão* moderando o

[13] O nó górdio das ambiguidades que estão em cima da mesa nos processos revolucionários que empreendem práticas de transformação das relações sociais passa pela seguinte equação: "se a dominância do colectivo social sobre a produção se desenvolve, sendo a apropriação e a gestão cada vez mais directas e maciças, então a lei fundamental do novo modo de produção realiza-se efectivamente e assimila a si toda a estrutura [da sociedade]. Mas, se se desenvolve a existência dos intermediários nessa apropriação e nessa gestão, e se esses intermediários se reproduzem enquanto tais, constituindo-se em grupo social estável e consolidando a sua posição particular relativamente à produção e o seu poder político, então constituem-se como classe proprietária dos meios de produção e gestora do processo de produção, e inaugura-se uma forma de irrealização da lei da dominação social sobre a produção, o que tem como resultado, a partir dessa reinversão dos termos da contradição política, a reestruturação do antigo modo de produção" (Bernardo, João, *Para uma teoria do modo de produção comunista*, Porto, Afrontamento, 1974, p. 91). Por conseguinte, "a lei do modo de produção comunista é a dominância do económico pelo colectivo dos produtores sociais organizados directamente ao nível das unidades de produção em instituições que, articuladas reciprocamente, se constituem na organização geral dos produtores" (*Idem, ibidem*, pp. 94-95). Estes enunciados serão assumidos como absolutamente nucleares do que considerarei como a base definidora do carácter comunista ou não-comunista dos processos analisados neste trabalho.

[14] Importa dizer que *O Estado e a Revolução* foi escrito em Agosto e Setembro de 1917.

conflito de classes"[15]. Nesta breve asserção Lenine agrega tanto o papel do que mais tarde se viriam a denominar os aparelhos repressivos do Estado como o papel dos aparelhos ideológicos do Estado – a "criação da 'ordem'". Mesmo assim, o enfoque será dado aos aparelhos repressivos: "o exército permanente e a polícia são os principais instrumentos da força do poder de Estado"[16]. Nesse sentido, o Estado burguês teria um papel político de controlo dos conflitos de classe, o que implicaria a "necessidade de destacamentos especiais de homens armados (polícia, exército permanente), colocados acima da sociedade"[17]. Lenine sublinha aqui a fisicalidade repressora do Estado burguês sobre a classe trabalhadora, eixo de actuação que só é possível na medida em que os aparelhos repressivos são instâncias profissionalizadas, especializadas e monopolizadas por destacamentos específicos do Estado.

Como se constatará abaixo, verificar-se-á uma notória tensão entre algumas teses anti-estatistas em *EeR* e as práticas levadas a cabo pelo governo bolchevique de reforço e de centralização da máquina de Estado. Práticas que serão decorrentes tanto da guerra desencadeada pelo Exército Branco e dos 14 exércitos internacionais contra a nascente revolução, mas também das concepções de Lenine entretanto advogadas noutros escritos conjunturais, mas nem por isso menos importantes para se compreender as práticas bolcheviques. Mas em *EeR*, Lenine envereda por um trajecto prospectivo muito mais centrado na necessidade de transformar a estrutura do Estado. Assim, Lenine parte da definição marxiana exposta no *Manifesto* do poder operário: "o Estado, isto é, o proletariado organizado como classe dominante"[18].

Por conseguinte, a questão fundamental aqui em jogo é a do poder político nas mãos das classes exploradas. Ou seja, e na formulação inicial de 1848, a tomada do poder de Estado. Aliás, é essa a interpretação que se adequa ao estado de desenvolvimento orgânico e prático da classe trabalhadora de então e que teria corolário nas revoluções europeias desse ano, nomeadamente do caso francês. Nas jornadas de Junho desse ano, o operariado parisiense tentou tomar o poder de Estado, acabando por ser

[15] Lenine, Vladimir, *O Estado e a Revolução*, in *Obras Escolhidas*, Tomo II, Lisboa, Avante, 1978, p. 226.

[16] *Idem, ibidem*, p. 228.

[17] *Idem, ibidem*, p. 228.

[18] Marx, Karl; Engels, Friedrich, *op. cit*, p. 74.

barbaramente reprimido pelas autoridades policiais e militares. Por conseguinte, o horizonte máximo considerado em 1848 era precisamente a tomada do poder de Estado.

Todavia, na sequência do processo francês de reorganização estatal na ressaca das lutas operárias, Luís Bonaparte torna-se o líder máximo do Estado. Na leitura de Marx e de praticamente todos os comentadores políticos dos anos 1848-52, parece consensual a ideia de que a reorganização operada por Luís Bonaparte reforçou de sobremaneira a máquina de Estado, tanto ao nível dos mecanismos de repressão, como, ainda mais relevante, ao nível da calibração e ampliação dos mecanismos de legitimação do poder político. Daí que, em *O 18 de Brumário de Luís Bonaparte*, Marx afirme que, até então, "todas as revoluções aperfeiçoaram esta máquina em vez de a quebrarem"[19]. Isto significava, nesta segunda formulação (ou se se preferir, nesta ampliação da formulação de 1848), que ao proletariado não bastava tomar o poder político mas que os aparelhos de Estado teriam de ser destruídos e não tomados como parte na estrutura social de uma nova sociedade. A leitura de Lenine sobre esta temática caminha na direcção da conceptualização (da necessidade) de uma fase de transição entre o capitalismo e uma sociedade comunista: "este período é inevitavelmente um período de uma luta de classes de um encarniçamento sem precedentes, sem precedentes na agudeza das suas formas. E, consequentemente, o Estado deste período deve necessariamente um Estado democrático *de uma maneira nova* (para os proletários e para os não possidentes em geral) e ditatorial *de uma maneira nova* (contra a burguesia)"[20]. Este período é, acima de tudo, um espaço de enorme disputa pela construção de novas relações sociais ou, inversamente, de restabelecimento das bases da exploração capitalista.

Quase vinte anos mais tarde, o exemplo histórico de poder operário vislumbrado por Marx seria a Comuna de Paris. Ou para tentar ser mais preciso, às necessidades já teoricamente apontadas por Marx de o proletariado tomar o poder político burguês *e* de o destruir, o proletariado em luta apresenta na sua concretude a forma institucional de construção de uma sociedade sem classes. Assim, ainda segundo Marx, "a Comuna forneceu a prova de que a classe operária não pode limitar-se a tomar conta

[19] Citado em Lenine, Vladimir, *op. cit.*, p. 240.

[20] *Idem, ibidem*, p. 245.

da máquina de Estado que encontra montada e a pô-la em funcionamento para atingir os seus objectivos próprios"[21]. "Pô-la em funcionamento" na base de novos princípios de organização social. Não por acaso Marx recorda que, de um lado, "o primeiro decreto da Comuna foi a supressão do exército permanente e a sua substituição pelo povo armado"[22] e, de outro lado, "a Comuna constitui-se a partir dos conselheiros municipais eleitos por sufrágio universal nas várias circunscrições de Paris". Mais, "estes eram responsáveis e amovíveis a qualquer momento. A sua maioria consistia naturalmente de operários ou de representantes reconhecidos da classe operária. (...) A polícia até aí o instrumento do governo estatal, foi imediatamente privada de todos os seus atributos políticos e transformada no instrumento responsável e amovível a cada momento da Comuna, (...) do mesmo modo os funcionários de todos os outros ramos administrativos. A começar pelos membros da Comuna e daí para baixo, o serviço público tinha de ser exercido mediante um *salário operário*. Os direitos adquiridos e os dinheiros de representação dos altos dignitários desapareceram com os próprios dignitários. (...) Uma vez eliminados o exército permanente e a polícia, os instrumentos do poder material do velho governo, a Comuna estabeleceu imediatamente como objectivo quebrar o instrumento de repressão espiritual, o poder dos padres. Os funcionários judiciais perderam aquela aparente independência, daí em diante deviam ser eleitos, responsáveis e amovíveis"[23].

Assentando o poder da Comuna na eleição, em assembleia, dos intermediários e funcionários pelos próprios trabalhadores, na prestação de contas à assembleia de trabalhadores e na revogabilidade possível a qualquer momento por decisão dos trabalhadores, Marx não deixará de referir o que considerou ser uma das medidas mais importantes da Comuna: "a eligibilidade completa, a amovibilidade a cada momento de todos os funcionários públicos sem excepção, a redução dos seus vencimentos ao habitual 'salário operário', estas medidas democráticas e simples (...) dizem respeito à reorganização estatal, puramente política da sociedade, mas só adquirem, todo o seu sentido e importância em ligação com a realização ou a preparação da expropriação dos expropriadores, isto é, com a trans-

[21] Citado em *idem, ibidem*, p. 246.
[22] Citado em *idem, ibidem*, p. 250.
[23] Citado em *idem, ibidem*, p. 250.

formação da propriedade privada capitalista dos meios de produção em propriedade social"[24].

A este título, é evidente a existência uma tensão na visão de Lenine. Se, por um lado, há momentos de entrelaçamento das (necessárias e complementares) transformações socioeconómicas e políticas, noutras passagens persiste uma ambiguidade gritante. No primeiro caso Lenine afirma que "a Comuna é a forma, 'finalmente descoberta' pela revolução proletária, na qual se pode realizar a libertação económica do trabalho. A Comuna é a primeira tentativa da revolução proletária para *quebrar* a máquina de Estado burguesa e a forma política 'finalmente descoberta' pela qual se pode e se deve *substituir* o que foi quebrado"[25]. A transformação da estrutura do Estado como alavanca para quebrar a hierarquia interna imanente às relações políticas e às relações económicas do capitalismo. O Estado organiza politicamente a burguesia. Logo, a sua tomada e transformação é essencial para, por um lado, desorganizar a burguesia e, por outro, cortar-lhe uma das suas almofadas económicas. Ao mesmo tempo, isso implica transformações relevantes nos códigos legislativos de propriedade, de trabalho, etc. Permite também quebrar a monopolização do uso da força pela burguesia.

Todavia, noutras passagens, Lenine não é claro sobre o que seria a "libertação económica do trabalho". De facto, e esta é a tendência de fundo, a intocabilidade das relações de produção sulcarão as ambiguidades de Lenine no respeitante às tarefas preconizadas para a construção da sociedade comunista. Mesmo em *EeR*, o revolucionário russo não deixará de tomar por adquiridas algumas das propriedades fundamentais das relações de produção capitalistas. "Organizaremos a grande produção partindo do que já foi criado pelo capitalismo, nós *próprios*, os operários, apoiando-nos na nossa experiência operária, criando uma disciplina rigorosíssima, de ferro, apoiada pelo poder de Estado dos operários armados, reduziremos os funcionários públicos ao papel de simples executantes das nossas directivas, de capatazes e contabilistas responsáveis, amovíveis e modestamente pagos – eis a nossa tarefa proletária, eis por onde podemos e devemos *começar* na realização da revolução proletária"[26].

[24] Citado em *idem, ibidem*, pp. 251-252.

[25] *Idem, ibidem*, p. 260.

[26] *Idem, ibidem*, p. 255.

Nesta citação, Lenine deixa antever uma concepção que toma a tecnologia e os processos de trabalho como relativamente neutros ("partindo do que já foi criado pelo capitalismo") e, portanto, aplicáveis a opostos modos de produção. Consequentemente, a transformação esperada na própria estrutura do Estado capitalista operar-se-ia sobretudo ao nível da maior equiparação salarial entre funcionários públicos e operários industriais, menosprezando a necessidade de gradual e progressivo esbatimento da divisão do trabalho, inclusive do trabalho político.

Se a burguesia tinha sido desalojada do poder de Estado ela não tinha desaparecido enquanto classe social. Nem os seus amplos recursos económicos, mas sobretudo, políticos, ideológicos e militares. Num texto já de 1918, Lenine lembrará correctamente que "a burguesia foi vencida no nosso país, mas ainda não foi arrancada pela raiz, não foi aniquilada nem sequer totalmente quebrada"[27]. Colocava-se, assim, a necessidade de passar a uma nova fase da luta de classes: "a tarefa muito mais complexa e difícil de criar condições nas quais não possa nem existir nem surgir de novo a burguesia"[28]. Por isso, na ordem do dia colocava-se "uma forma nova e superior de luta contra a burguesia, a passagem da tarefa muito simples de prosseguir a expropriação dos capitalistas para a tarefa muito mais complexa e difícil de criar condições nas quais não possa nem existir nem surgir de novo a burguesia"[29]. Apesar da violência de alguns termos, a verdade é que Lenine acerta no facto de que um novo modo de produção só seria possível de edificar por via da superação das condições sociais de produção da classe social dominante. Mas ao invés de ver nessas condições sociais as relações de exploração capitalistas a superar, Lenine equivalerá o socialismo a um aspecto acentuadamente tecnicista: a elevação da produtividade do trabalho. "Em toda a revolução socialista, depois de se ter resolvido a tarefa da conquista do poder pelo proletariado e à medida que, no principal e fundamental, se cumpra a tarefa de expropriar os expropriadores e esmagar a sua resistência, avança inevitavelmente para primeiro plano a tarefa essencial da criação de um sistema social superior ao do capitalismo, a saber: a elevação da produtividade do trabalho"[30].

[27] Lenine, Vladimir, *As tarefas imediatas do poder soviético*, in *Obras Escolhidas*, Tomo II, Lisboa, Avante, 1978, p. 564;

[28] *Idem, ibidem*, p. 564.

[29] *Idem, ibidem*, p. 564.

[30] *Idem, ibidem*, p. 573.

Não que um modo de produção comunista não eleve o conjunto de bens (e não já mercadorias no sentido capitalista de produtos resultantes da exploração do trabalho assalariado) por unidade afectada de recursos, mas Lenine toma a elevação da produtividade simplesmente nos seus termos quantitativistas. Mas antes de apresentar esta vertente dominante (e, em última instância, vencedora) do pensamento de Lenine (e da prática bolchevique), desenvolver-se-á um pouco mais algumas passagens da sua obra sobre a necessidade de superação das condições sociais de produção das classes sociais: o vector (não-dominante) que constitui a tensão profunda do leninismo. Num texto publicado nos dois anos da Revolução de Outubro, Lenine denota plena consciência[31] de que a tomada do poder de

[31] Na sua famosa polémica com Kautsky em 1920, os termos da equação seriam, na sua essência, os mesmos. "Pode-se derrotar dum só golpe os exploradores com uma insurreição com êxito no centro ou uma rebelião das tropas. Mas, com exclusão de casos muito raros e especiais, não se pode suprimir os exploradores dum só golpe. Não se pode expropriar dum só golpe todos os latifundiários e capitalistas de um país duma certa extensão. Além disso, a expropriação por si só, como acto jurídico ou político, está muito longe de resolver o problema, porque é necessário desalojar de facto os latifundiários e os capitalistas, substituir de facto a sua administração das fábricas e das propriedades agrícolas por outra administração, operária. Não pode haver igualdade entre os exploradores, que, durante longas gerações, se distinguiram pela instrução, pelas condições de uma vida rica e pelos hábitos, e os explorados, cuja massa, mesmo nas repúblicas burguesas mais avançadas e democráticas, é embrutecida, inculta, ignorante, assustada e dividida. Durante muito tempo depois da revolução os exploradores conservam inevitavelmente uma série de enormes vantagens de facto: mantêm o dinheiro (não é possível suprimir o dinheiro de imediato), certos bens móveis, frequentemente consideráveis, conservam as relações, os hábitos de organização e de administração, o conhecimento de todos os 'segredos' (costumes, processos, meios, possibilidades) da administração, conservam uma instrução mais elevada, a proximidade com o pessoal técnico superior (que vive e pensa à maneira burguesa), conservam (e isto é muito importante) uma experiência infinitamente superior na arte militar, etc., etc. Se os exploradores são derrotados num só país – e este é, naturalmente, o caso típico, pois a revolução simultânea numa série de países constitui uma rara excepção – continuarão a ser no entanto mais fortes do que os explorados, pois as relações internacionais dos exploradores são enormes" (Lenine, Vladimir, *A Revolução Proletária e o Renegado Kautsky*, in *Obras Escolhidas*, Tomo III, Lisboa, Edições Avante, 1979, p. 22). Por conseguinte, no plano das obras eminentemente mais teóricas, Lenine enunciará teses muito mais próximas da edificação de uma sociedade comunista (ver nota 14). Nas obras mais relacionadas especificamente com a nova conjuntura aberta em Outubro de 1917, tais teses estão genericamente ausentes ou então claramente secundarizadas às necessidades de incremento da produtividade do trabalho no seio de um capitalismo de Estado em (consciente) construção. Em suma, o traço da auto-organização operária apesar de objectivamente

Estado pelo proletariado não implicaria automática e linearmente a superação das classes sociais.

"É impossível suprimir as classes de repente. (...) As classes mantiveram-se, mas cada uma delas modificou-se na época da ditadura do proletariado; modificaram-se as suas inter-relações. A luta de classes não desaparece sob a ditadura do proletariado, toma apenas outras formas.

(...) A classe dos exploradores, dos latifundiários e dos capitalistas, não desapareceu nem pode desaparecer de repente sob a ditadura do proletariado. Os exploradores foram derrotados, mas não aniquilados. Continuam a ter uma base internacional, o capital internacional, de que eles são uma sucursal. Continuam a ter em parte alguns meios de produção, continuam a ter dinheiro, continuam a ter um grande número de relações sociais. A energia da sua resistência cresceu centenas e milhares de vezes, precisamente em consequência da sua derrota. A 'arte' de dirigir o Estado, o exército, a economia, dá-lhes uma superioridade muito grande, de modo que a sua importância é incomparavelmente maior do que a sua parte no conjunto da população. A luta de classe dos exploradores derrubados contra a vanguarda vitoriosa dos explorados, isto é, contra o proletariado, tornou-se infinitamente mais encarniçada."[32].

Deste trecho retirem-se algumas ilações e comentários:

*a)* os elementos económicos capitalistas podem persistir numa sociedade socialista até que desapareça todo e qualquer vestígio das sociedades de classes. Só numa sociedade comunista, portanto, sem classes, este problema deixaria de se colocar. Neste ponto Lenine

secundário vai perpassar a obra de Lenine em determinados momentos: "Existe um grande número de organizadores talentosos dentre os camponeses e a classe trabalhadora, e que só agora começam a ficar conscientes deles mesmos, a acordar, a passar a um trabalho enorme, vital, criativo que consiga dar conta, com as suas próprias forças, a tarefa da construção do socialismo. Uma das tarefas mais importantes, senão a mais importante, é desenvolver esta iniciativa independente dos proletários e de todos os trabalhadores e do povo explorado em geral, trabalho desenvolvido tão vastamente quanto possível no trabalho organizacional criativo. A todos os custos, devemos quebrar o velho, absurdo, selvagem, desprezável e nojento preconceito de que só as chamadas 'classes superiores', só os ricos e aqueles que frequentaram as escolas dos ricos, seriam capazes de administrar o Estado e, assim, dirigirem o desenvolvimento organizacional da sociedade socialista" (Lenine, Vladimir, *How to organise competition?*, in *Collected Works*, Vol. 26, Moscovo, Progress Publishers, 1965, p. 409).

[32] Lenine, Vladimir, *A economia e a política na época da ditadura do proletariado*, in *Obras Escolhidas*, Tomo III, Lisboa, Edições Avante, 1979, p. 209 (itálicos meus).

revela cautela quanto ao próprio futuro da construção de uma sociedade comunista;

*b)* não desaparecendo as classes dominantes e as condições sociais que permitam uma sua reconstituição a mais longo ou mais breve trecho, as transformações operadas previamente serão absorvidas por uma reconfiguração das relações de trabalho, nem que para isso a burguesia propriamente dita tenha sido substituída por uma classe de gestores e detentores dos meios colectivos (e estatais) de produção. Não constituindo tal facto uma qualquer equivalência automática com o capitalismo privado importa, porém, atender à recuperação das linguagens, símbolos e até sociabilidades de raiz operária na remodelação de relações sociais (novamente) inscritas por diferenciações de classe.

*c)* a burguesia pode reproduzir-se mesmo não detendo a propriedade da maioria dos meios de produção. Ela pode reproduzir-se *socialmente* por via da sua capacidade previamente adquirida de administrar e gerir a sociedade e a economia. Por conseguinte, para Lenine elementos de origem burguesa poderiam reproduzir-se sem que uma burguesia propriamente dita exista enquanto tal. Esses elementos podem ser, por exemplo, especialistas técnicos provenientes do anterior regime, conforme as próprias observações de Lenine ao longo de múltiplos escritos dos anos 1918 a 1921. Todavia, Lenine não vislumbrou a tendência fundamental de constituição de um capitalismo de Estado: a reconversão das camadas dirigentes do partido bolchevique numa nova classe social de gestores e de administradores da produção de valor económico, como efeito da reversão do processo revolucionário.

Pode-se assim retomar o vector dominante da tensão presente no pensamento de Lenine – a equiparação de um modo de produção superador do capitalismo construído a partir de premissas fundamentais do capitalismo. A este título, Lenine é muito claro quando se refere à elevação da produtividade do trabalho a partir da importação e da aplicação do paradigma taylorista. Para o líder bolchevique, a construção de um socialismo russo não passaria sem a "criação de um sistema social superior ao do capitalismo, a saber: a elevação da produtividade do trabalho"[33]. A assunção

[33] Lenine, Vladimir, *As tarefas...*, p. 573.

de uma *forma* capitalista introduzindo-lhe um *conteúdo* socialista consubstanciava, em traços gerais, o programa económico bolchevique. A assunção de formas institucionais capitalistas passava tanto pela adopção da estrutura organizacional macrocéfala dos grandes grupos económicos – "o capitalismo criou *aparelhos* de registo na forma de bancos, consórcios, dos correios, sociedades de consumidores, associações de empregados. *Sem os grandes bancos o socialismo seria irrealizável.* Os grandes bancos *são* o 'aparelho de Estado' de que necessitamos para realizar o socialismo e que *tomamos já pronto* do capitalismo"[34] – como, politicamente ainda mais relevante, pela adopção quase inquestionada do sistema taylorista de organização do trabalho.

"*É preciso* colocar na ordem do dia, *aplicar na prática e experimentar o salário à peça, aplicar muito do que há de científico e progressivo no sistema de Taylor, regular o salário com os balanços gerais de produção* ou com os resultados da exploração do transporte ferroviário, por barco, etc. (...) Aprender a trabalhar – esta é a tarefa que o Poder Soviético deve colocar em toda a sua envergadura perante o povo. *A última palavra do capitalismo, neste aspecto, o sistema de Taylor – tal como todos os progressos do capitalismo – reúne em si toda a refinada crueldade da exploração burguesa e uma série de riquíssimas conquistas científicas* no campo da análise dos movimentos mecânicos no trabalho, a supressão dos movimentos supérfluos e inábeis, a elaboração dos métodos de trabalho mais correctos, a introdução dos melhores sistemas de registo e controlo, etc."[35].

Naturalmente, Lenine não deixa de fazer referência à "refinada crueldade da exploração burguesa", mas o cerne da sua argumentação acaba por assumir o taylorismo e o apenso movimento tendencialmente desqualificante da força de trabalho[36] como passos para a construção de uma sociedade comunista. A política económica socialista preconizada pelo líder bolchevique – Lenine chamar-lhe-á "a via da nova construção económica" – traduzirá "a via da criação do novo vínculo social, da nova disciplina do trabalho e da nova organização do trabalho, que combina a última palavra da ciência e da técnica capitalista com a união maciça dos trabalha-

[34] Lenine, Vladimir, *Conservarão os bolcheviques o poder de Estado?*, in *Obras Escolhidas*, Tomo II, 1978, p. 342;

[35] Lenine, Vladimir, *As tarefas...*, p. 574 (itálicos meus).

[36] Ver a crítica de Harry Braverman à organização taylorista/fordista do capitalismo (Braverman, Harry, *Labor and monopoly capital*, Nova York, Monthly Review Press, 1974).

dores conscientes, que criam a grande produção socialista"[37]. Por outras palavras, Lenine e a maioria da direcção bolchevique mimetizam formas institucionais capitalistas dentro de um poder de Estado controlado pelos comunistas como abordagem privilegiada para a edificação de uma sociedade socialista ou comunista.

A título de exemplo, aquando da reflexão dos "sábados comunistas" em que ferroviários de Moscovo espontaneamente realizavam trabalho extra voluntário nesse dia da semana como forma de contribuir para a construção do socialismo, Lenine irá receber efusivamente essa experiência operária. Porém, as conclusões retiradas andarão em torno das questões que já aqui tenho desenvolvido. Mesmo nos casos em que o operariado industrial procura organizar-se colectiva e espontaneamente, o potencial existente de transformação das relações estruturais capitalistas pelos próprios trabalhadores é sempre tomado em consideração de um modo subsidiário relativamente ao incremento da produtividade do trabalho.

"O capitalismo pode ser definitivamente vencido e será definitivamente vencido porque o socialismo cria uma nova produtividade do trabalho muitíssimo mais elevada. (...) *O comunismo é uma produtividade do trabalho mais elevada do que o capitalismo, obtida voluntariamente por operários conscientes e unidos que utilizam uma técnica avançada.* (...) O comunismo começa lá onde dos operários de base surge uma preocupação abnegada, que supera a dureza do trabalho, pelo aumento da produtividade do trabalho, pela salvaguarda de cada *pud* de trigo, de carvão, de ferro e de outros produtos que não se destinam pessoalmente aos que trabalham nem aos seus 'próximos', mas a pessoas 'alheias', isto é, a toda a sociedade no seu conjunto, a dezenas e centenas de milhões de homens"[38].

A frase sublinhada neste último trecho sintetiza o que tem vindo a ser exposto: para Lenine, a auto-organização operária articular-se-ia sempre em função de uma necessidade (capitalista, mas vista como meramente técnica). O facto de empreendimentos colectivos de massas levarem um carimbo político "comunista" ou pelo simples facto de serem executados por operários não significa, na sua essência, que ocorram transformações sociais profundas ao nível da organização económica da produção de exce-

[37] Lenine, Vladimir, *Uma grande iniciativa. Sobre o heroísmo dos operários na retaguarda. A propósito dos "sábados comunistas"*, in *Obras Escolhidas*, Tomo III, 1979, p. 152.

[38] *Idem, ibidem*, p. 155 (itálicos meus).

dente. Não se trata, de modo algum, de defender que a elevação da produtividade do trabalho não faz parte de experiências proletárias comunistas. Todavia, tomar o produtivismo como ponto de partida nuclear para a edificação de uma sociedade travejada por princípios novos de organização e, em consonância, obliterar a natureza social das forças produtivas articulam-se como aspectos teórico-políticos que não são mais do que o reflexo do travão na auto-organização operária, qual válvula de escape a que a vanguarda bolchevique recorrerá para legitimar um capitalismo de Estado renovado. Por conseguinte vale a pena observar o que próprio Lenine afirmava sobre este assunto do capitalismo de Estado na URSS.

Partindo de uma análise da formação social russa onde se conflituavam cinco diferentes tipos de modos de produção[39] e enleado por um certo evolucionismo etapista no âmbito da construção de uma sociedade comunista, Lenine apresenta logo em Maio de 1918 presciência estratégica relativamente ao estado da nova organização socioeconómica russa. Precisando melhor o assunto, já no texto *Acerca do infantilismo de esquerda e do espírito pequeno-burguês,* redigido e publicado poucas semanas antes da deflagração da guerra civil, o capitalismo de Estado era concebido em termos não só etapistas mas como um aspecto primordial relativamente ao próprio fortalecimento das relações sociais comunistas que se iam desenvolvendo em inúmeras fábricas de Petrogrado, de Moscovo e de outras cidades industriais russas. "Não é o capitalismo de Estado que luta aqui contra o socialismo, mas é a pequena burguesia mais o capitalismo privado que lutam juntos, de comum acordo, tanto contra o capitalismo de Estado como contra o socialismo"[40]. Vendo na propriedade privada propriamente dita e na economia agrária camponesa os elementos dominantes da formação económica russa, Lenine e a direcção bolchevique não lhes procurarão contrapor com a auto-organização operária, mas com o capitalismo de Estado: "o capitalismo de Estado é incomparavelmente superior, *do ponto de vista económico,* à nossa economia actual, isto em primeiro lugar. E em segundo lugar, nada há nele de temível para o Poder Soviético, pois o Estado soviético é um Estado onde está assegurado o poder dos operários

[39] "1) A economia camponesa, patriarcal; 2) a pequena produção mercantil (isto inclui a maioria dos camponeses que vendem cereais); 3) o capitalismo privado; 4) o capitalismo de Estado; 5) o socialismo" (Lenine, Vladimir, *Acerca do infantilismo de esquerda e do espírito pequeno-burguês,* in *Obras Escolhidas,* Tomo II, 1978, pp. 599-600).
[40] *Idem, ibidem,* p. 600.

e dos pobres"[41]. Desde que o Estado estivesse nas mãos de organizações bolcheviques, a estrutura económica poderia manter feições capitalistas. Este seria um argumento repetidamente enunciado pelo partido bolchevique e, após a morte de Lenine em Janeiro de 1924, redundaria na coincidência entre estatização dos meios de produção e uma sociedade socialista. Com efeito, esta coincidência conceptual e ideológica começou na assunção do capitalismo de Estado enquanto ponte do capitalismo privado com o socialismo. "Vereis que num Estado verdadeiramente democrático-revolucionário o capitalismo monopolista de Estado significa inevitavelmente, infalivelmente um passo para o socialismo. (...) Pois o socialismo não é outra coisa senão o passo em frente seguinte a partir do monopólio capitalista de Estado. (...) *O capitalismo monopolista de Estado é a mais completa preparação material do socialismo, é a sua antecâmara*, é o degrau da escada da história entre o qual e o degrau chamado socialismo não há nenhum degrau intermédio"[42].

No quadro da concepção leninista, sem um desenvolvimento da base tecnológica e produtiva, o socialismo (para os bolcheviques, a estatização da produção económica no seu conjunto e não já mais a organização da produção pelos colectivos de trabalhadores) seria impensável de atingir. Repetidamente enunciada, a tese da *forma* capitalista controlada pelo que boa parte da direcção bolchevique considerava como o *conteúdo* socialista, acabaria por assentar raízes num seu desdobramento teórico: o capitalismo de Estado era um duplo aríete lançado contra as formas de propriedade capitalistas clássicas e, consequentemente, como dínamo *insubstituível* da passagem ao socialismo. Num escrito fundamental de estabelecimento das bases da NEP[43], publicado em Maio de 1921, Lenine iria revisitar o texto que tenho vindo a seguir. Portanto, precisamente no período onde as tarefas da construção económica voltavam a ganhar respaldo político

[41] *Idem, ibidem*, p. 601.

[42] *Idem, ibidem*, p. 603 (itálicos meus).

[43] O X Congresso do Partido Comunista (bolchevique) da Rússia deliberou em Março de 1921 substituir o sistema de requisição forçada de bens – fundamento do Comunismo de Guerra – pelo imposto em espécie e conceder aos camponeses o direito de venderem livremente os excedentes de seus produtos depois de pago o imposto. Assim se deu o primeiro passo na transição da política do Comunismo de Guerra à Nova Política Económica (NEP em russo). A utilização dos estímulos e das relações monetário-mercantis no desenvolvimento da produção foi também a base da política do Estado Soviético na indústria.

central, Lenine volta a insistir na actualidade do seu programa político--económico avançado três anos antes.

*"Será possível a combinação, a união, a compatibilidade do Estado soviético, da ditadura do proletariado, com o capitalismo de Estado?*

*Claro que é possível.* Era isto precisamente que eu procurava demonstrar em Maio de 1918. É isto que eu espero ter demonstrado em Maio de 1918. Mais ainda: demonstrei também então que o capitalismo de Estado é um passo em frente em comparação com o elemento pequeno-proprietário (pequeno-patriarcal e pequeno-burguês). Comete-se uma infinidade de erros ao contrapor ou comparar o capitalismo de Estado apenas com o socialismo, enquanto na situação político-económica presente é obrigatório comparar também o capitalismo de Estado com a produção pequeno--burguesa.

*Toda a questão – tanto teórica como praticamente – consiste em encontrar os métodos correctos de como se deve orientar precisamente o inevitável (até certo ponto e por um determinado prazo) desenvolvimento do capitalismo para a via do capitalismo de Estado, em que condições fazê-lo e como assegurar num futuro próximo a transformação do capitalismo de Estado em socialismo"*[44].

Esta citação espelha e resume de um modo claro e exacto a visão de Lenine acerca desta problemática. As noções do primado do estatismo sobre a organização de base do operariado e das forças produtivas sobre as relações de produção mais não seriam do que a concepção teórica de uma nova classe de gestores que se foi desenhando e construindo na URSS. O capitalismo não foi substituído por um novo modo de produção, mas, pelas circunstâncias do desaparecimento da burguesia privada, seria reconvertido numa forma estatal de acumulação de capital.

Antes de terminar esta secção, foque-se ainda um outro ponto capital para a transmutação de um processo revolucionário amplamente participado e orientado pela classe trabalhadora no sentido da superação das relações sociais de produção capitalistas num processo de enquistamento organizativo da classe e de reorganização de estruturas sociais proto-capitalistas: a guerra civil de 1918-20. A vitória (sublinhe-se aqui o adjectivo) *militar* dos bolcheviques na guerra civil iria chegar em Novembro de 1920

[44] Lenine, Vladimir, *Sobre o imposto em espécie*, in *Obras Escolhidas*, Tomo III, 1979, p. 504 (itálicos meus).

após o armistício com a Polónia e após o barão Wrangel ter sido derrotado. Todavia, a vitória soviética só foi conseguida à custa de enormes esforços políticos, humanos e económicos que não poderiam ser superados de uma hora para a outra. Dos 3.024.000 operários industriais da Rússia de 1917, em 1921, sobravam 1.243.000 para uma população total de 136 milhões de habitantes. Em Petrogrado dos 400 mil operários de Outubro de 1917, restavam 71.575 em Abril de 1918[45]. Segundo dados oficiais, o número de trabalhadores empregados em 1922 era menos de metade do que antes da Primeira Guerra – 4,6 milhões em vez dos 11 milhões de 1913[46]. Daqui se pode depreender que a vitória dos bolcheviques na guerra civil foi sobretudo uma vitória militar. No plano social, as baixas sofridas pelo proletariado russo não foram de todo irrelevantes para a profunda recomposição social da classe trabalhadora que se iria operar durante os anos 20. Um novo desenho classista e uma nova classe trabalhadora iriam formar-se. Entretanto, o conflito bélico catalisou a introdução de métodos de trabalho de recorte militar e que, doravante, teriam continuidade. Em suma, os resultados sociais da guerra civil abriram caminho a que na luta contra o recuo da revolução – para o qual contribuíram – os bolcheviques tivessem de se agarrar ao partido e ao Estado como forma de tentar colmatar a não-transformação das relações de produção.

Ainda em plena guerra civil, Lenine considerava que "para suprimir por completo as classes, é preciso não só derrubar os exploradores, os latifundiários e capitalistas, não só abolir a *sua* propriedade, é preciso abolir *toda* a propriedade privada dos meios de produção, é preciso suprimir tanto a diferença entre a cidade e o campo, como a diferença entre os trabalhadores manuais e intelectuais. É uma obra muito longa. Para a realizar, é necessário um gigantesco passo em frente no desenvolvimento das forças produtivas, é necessário superar a resistência (...) das numerosas sobrevivências da pequena produção, é preciso superar a enorme força do hábito e da rotina ligadas a estas sobrevivências"[47].

[45] Cf. dados de várias fontes, citados em Martorano, Luciano, *A burocracia e os desafios da transição socialista*, São Paulo, Xamã Editora, 2002, p. 126.

[46] Cf. dados da *Narodnoye Khozyaistvo SSSR 1922-1972*, pp. 345-346, citados em Bettelheim, Charles, *Class struggles in the USSR, First Period 1917-1923*, Sussex, The Harvester Press, 1976, p. 172.

[47] Lenine, Vladimir, *Uma grande iniciativa...*, p. 151.

Neste ponto específico sobre a divisão do trabalho, Lenine enuncia as asserções mais genéricas e clássicas já presentes em *A Ideologia Alemã*, de Marx e Engels, a propósito da superação entre a divisão do trabalho manual e intelectual. Todavia, isso seria substituído pela introdução massiva do taylorismo e pela introdução da nomeação (pelo Estado) de um gestor único nas empresas. O que era então visto pelos dirigentes revolucionários bolcheviques como um recuo táctico, no plano prático seria a perpetuação e reprodução ampliada de mecanismos económicos relativamente aproximados aos do capitalismo fordista no plano do trabalho. Se as relações (jurídicas) de propriedade tinham sido transformadas (por intermédio da estatização e da planificação central do aparelho produtivo), as relações de apropriação material manter-se-iam relativamente inamovíveis. Isto é, a organização da produção não seria mais dirigida e planificada democraticamente pelos colectivos de trabalhadores. Em simultâneo, há que considerar o esmagamento em sangue dos processos revolucionários húngaro (1918-1919), alemão (1918-23), finlandês (1918) e italiano (1919-1920). Ao retrocesso ocorrido no vector da auto-organização protagonizado por via bélica, somou-se um retrocesso político e ideológico protagonizado pelos bolcheviques, nomeadamente ao nível do exagero conferido na avaliação do político como instância de transformação. Estes dois macro-factores mutuamente articulados não apenas acabaram por desvitalizar o controlo operário desenvolvido espontaneamente pelas massas trabalhadoras, como, por via da 1) (con)fusão entre as relações jurídicas e as relações de produção e; 2) da conceptualização do socialismo como "a elevação da produtividade do trabalho", se caminhou no sentido da tecnicização do que era social. As ambiguidades políticas de Lenine e dos bolcheviques tiveram repercussões de monta no processo político desencadeado no ex-Império Russo. Os bolcheviques acabariam por edificar uma versão do socialismo que era muito mais uma recuperação das relações de produção de mais--valia em moldes nunca antevistos do que a real superação da hierarquia estrutural do capital. A transformação de genuínas aspirações emancipatórias num programa de adaptação da produção de mais-valia a situações ideologicamente marcadas pelo socialismo e onde a hierarquização das relações sociais conseguiu superar o próprio capitalismo liberal revela qual o foco de análise das lutas sociais pelo marxismo: a materialidade dos processos sociais e não as intenções ou a filiação político-partidária dos seus protagonistas. Onde Lenine via *formas* do capitalismo controladas por um *conteúdo* socialista, a realidade histórica encarregar-se-ia por demonstrar como um *conteúdo* capitalista poderia sobreviver em *formas* (estritamente discursivas e político-ideológicas) socialistas.

Assim se encerraria o processo revolucionário soviético nas suas fronteiras, territoriais, políticas e sociais. Ao internacionalismo proletário suceder-lhe-ia a formação de uma nação proletária. A um marxismo das relações sociais suceder-se-ia a hegemonia de um marxismo das forças produtivas. O socialismo seria doravante maioritariamente compreendido (e cristalizado) em torno do eixo triangular Estado-nação/crescimento económico/alianças inter-classistas. Doravante, o socialismo poderia ser uma forma de recuperação oblíqua e inesperada do capitalismo. Embora ainda hoje continue a ser percepcionado como um seu contrário...

## III. As Lutas *Operaistas* no Outono Quente Italiano de 1969

Abordaremos agora outro exemplo de lutas operárias com grande impacto, sobretudo o caso do Outono Quente italiano de 1969. Na verdade, tal movimento intenso de mobilizações operárias é inaugurado cerca de dois anos antes a partir da contestação estudantil[48], provavelmente o mais relevante novo actor político e social daquela década. Este movimento iria ser denominado de *operaista*[49].

[48] Num texto a propósito dos 40 anos do Maio de 68 francês, um dos autores nucleares do marxismo resgata a matriz originária desse acontecimento político e social: os estudantes defenderam pontos de vista revolucionários e uma prática que articulasse a luta nas universidades com a luta nas empresas: "O Movimento do 22 de Março, uma das organizações mais expressivas da época, composta por libertários e por maoístas espontaneístas, proclamou num panfleto de 4 de Maio: 'Nós batemo-nos [...] porque recusamos tornar-nos: – professores ao serviço da selecção no ensino, selecção feita à custa dos filhos da classe operária, – sociólogos fabricantes de slogans para as campanhas eleitorais governamentais, – psicólogos encarregados de fazer "funcionar" as "equipas de trabalhadores" segundo os interesses superiores dos patrões, – cientistas cujo trabalho de pesquisa será utilizado de acordo com os interesses exclusivos de uma economia de lucro. [...] Recusamo-nos a melhorar a universidade burguesa. Queremos transformá-la radicalmente para que de agora em diante ela forme intelectuais que lutem ao lado dos trabalhadores e não contra eles [...] Queremos que os interesses da classe operária sejam defendidos também na universidade'" (Bernardo, João, "Maio de 68. A questão da exploração dos trabalhadores foi o eixo das lutas estudantis", in *Jornal Mudar de Vida*, Junho de 2008, p. 8).

[49] *Operaista* é a palavra italiana que pode traduzir-se para português como "obreirista", "obreira", "operária".

"A partir de finais de 1967 o movimento estudantil começava a organizar-se à margem das organizações sindicais estudantis e a assumir formas de luta e de radicalização política semelhantes às que por então percorriam as escolas um pouco por todo o mundo. A agitação que se estendeu a várias academias (Pisa, Turim, Milão, Roma, Florença, Trento) e que culminou na ocupação de várias universidades caracterizou-se por uma politização e consistência teórica cada vez maior, evoluindo das ideias e reivindicações anti-autoritárias (Escola de Frankfurt, Marcuse e Adorno) que levariam à reestruturação de inúmeras universidades europeias a seguir ao Maio francês, para uma crítica da subordinação da formação escolar às exigências do processo de industrialização e da planificação económica"[50]. A crítica dos processos de trabalho assentes numa lógica de valorização do capital era, assim, uma das reivindicações mais prementes veiculadas pelo movimento estudantil radical italiano. A par disto, surgia uma rejeição de formas de organização da classe trabalhadora típicas do fordismo, nomeadamente, os sindicatos. Acompanhando a descrição do mesmo historiador, ficamos a conhecer em maior detalhe como todo este processo explodiria a partir de meados de 1968.

Algumas fábricas, como a *Pirelli*, conheciam já desde o outono de 1968 a explosão de lutas autónomas operárias, num contexto em que, devido às derrotas sindicais de 1966 a classe operária vira os magros aumentos salariais engolidos pela inflação. Até ao final de 1969 seria toda a classe operária italiana das grandes fábricas, da *FIAT*, em Turim ao amplo tecido industrial difuso da Milão metropolitana, de *Porto Marghera* no Veneto, à *Fatme* em Roma, à *Italsider* em Nápoles a entrar em luta, por ocasião da renovação dos contratos colectivos de vários sectores industriais.

Na *FIAT*, a maior fábrica do mundo à época, com as duas instalações de Mirafiori e Rivalta a assumir uma centralidade decisiva na metrópole torinesa e na economia piemontesa, "greves de gato selvagem"[51] surgiam em várias secções e bloqueavam o sistema de produção integrado da fábrica. "A partir de Maio iniciava-se a intervenção junto às portas de várias secções

[50] Noronha, Ricardo, *Autonomia Operária*, policopiado, s/d, p. 7 (no prelo). Texto gentilmente cedido pelo autor.

[51] Greves convocadas ao arrepio e mesmo contra as direcções sindicais pelo conjunto de trabalhadores. Ao mesmo tempo que os trabalhadores desertavam dos sindicatos acusados de não defenderem os seus interesses, recusavam-se igualmente a participar no processo de valorização capitalista e traçavam para si a tarefa de obstruir o processo de trabalho.

e em diversos turnos, de um novo grupo formado entretanto em torno de elementos *operaistas* do Veneto, Roma, Trento e Milão, integrando Toni Negri, Sérgio Bologna, Franco Berardi, Franco Piperno e Oreste Scalzone e responsável por um jornal intitulado *La Classe*, cujo primeiro editorial se intitulava precisamente *Alla FIAT*. Dos contactos com os operários em luta resultou a formação de uma Assembleia de Operários e Estudantes que rapidamente foi engrossada por outros elementos do movimento estudantil torinês e pisano"[52].

Por conseguinte, as lutas operárias do final dos anos 60 não apenas expressavam uma dimensão internacional considerável – na Europa, os casos francês e italiano seriam talvez os mais significativos – como facilmente se alargaram aos mais importantes centros de produção industrial de Itália. A somar a tudo isto, constituem-se assembleias de base de operários industriais e de futuros trabalhadores (os estudantes)[53]. A mobilização política e social da época abarcaria "formas elementares de luta como a greve selvagem de massas, o piquete e a violência de rua, os desfiles no interior da fábrica e a assembleia permanente, como as formas da autonomia operária face ao capital"[54], portanto, colocando a rejeição das relações de produção capitalistas no âmago da sua prática e das suas aspirações.

[52] *Idem, ibidem*, p. 8.

[53] Esta dimensão de articulação entre membros presentes e futuros da classe trabalhadora (e entre trabalhadores "manuais" e "intelectuais") rompia igualmente com a sectorialização inscrita nos modos de organização sindical clássico preconizado pela CGIL em Itália e pela CGT em França. Recuperando o diálogo breve com o Maio de 68, saliente-se apenas que os momentos de maior capacidade organizativa do conjunto da classe trabalhadora ocorreram precisamente nos momentos em que a luta de operários e estudantes deu as mãos e nos momentos em que às ocupações dos espaços de produção de mercadorias (as fábricas) se somaram as ocupações dos espaços de formação técnica e ideológica da futura classe trabalhadora (as universidades): "A 13 de Maio, estudantes e operários encontraram-se de novo na rua, iniciaram uma discussão política conjunta e, para prossegui-la, ocuparam permanentemente as faculdades da Universidade de Paris. A partir de então multiplicaram-se as greves com ocupação das fábricas. 'Para que triunfem as reivindicações de todos os trabalhadores, para atingirmos realmente os nossos objectivos, para prepararmos na acção quotidiana a tomada do poder pelo proletariado, trabalhadores e estudantes, organizemo-nos nos locais de trabalho em comités de acção revolucionária'. A data evocada neste panfleto, 13 de Maio, marcou uma ampliação decisiva do movimento, porque começou nesse dia a maior greve geral da história da França, que chegou a mobilizar entre 9 e 10 milhões de grevistas" (Bernardo, João, "Maio de 68...", p. 9).

[54] Noronha, Ricardo, *op. cit.*, p. 10.

A luta era, naquele contexto, o processo em movimento da "negação da classe operária enquanto capital, enquanto mercadoria, enquanto força de trabalho" e o processo em movimento pela "sua afirmação enquanto classe política e sujeito antagonista no coração da sociedade capitalista", o que levaria Mario Tronti a defender que o alvo da luta do conjunto dos trabalhadores era o processo de produção capitalista. Nas suas próprias palavras, "do ponto de vista operário, o processo produtivo é um momento da luta de classes"[55]. Esta nova perspectiva nas lutas operárias italianas repercutiu-se numa forma nova de percepcionar o próprio marxismo.

Na linha do que se apresentou na introdução, o marxismo e o comunismo devem ser perspectivados em termos da sua relação com a prática de luta da classe trabalhadora e não enquanto princípios apriorísticos. Nesta formulação duplamente teórica e prática, o marxismo *operaista* surge como um marxismo das relações de produção, rompendo com o legado produtivista das II e III Internacionais: o marxismo das forças produtivas, que imperou tanto em formulações sociais-democratas e kautskistas, como nas formulações leninistas. Este enfoque na transformação das relações sociais expressou-se, portanto, em formas de luta inovadoras e desencadeadas espontaneamente pela classe trabalhadora. Retomando o estudo inédito do historiador Ricardo Noronha atente-se na seguinte descrição dos processos concretos destas lutas autonomistas: "Os operários encarregavam-se agora de iniciar paragens sucessivas em diversos sectores da produção economizando ao máximo cada hora de greve no sentido provocar o maior prejuízo possível ao patrão com o mínimo prejuízo por parte dos grevistas. Começaram também a combater a disciplina na fábrica e os instrumentos da autoridade patronal, agredindo encarregados, capatazes e seguranças, percorrendo a fábrica em desfiles internos que constrangiam à paragem os sectores mais recalcitrantes, não hesitando em colocar engenheiros, funcionários administrativos e directores de produção à sua cabeça, empunhando uma bandeira vermelha"[56].

Violência física à parte, a verdade é que o operariado das grandes concentrações industriais italianas não concentrou esforços num mero combinado de raiva e ressentimento contra capitalistas, gestores e supervisores. Tais fenómenos ocorreram, mas o fulcro da sua actuação foi o propósito

[55] Tronti, Mario, *Operários e Capital*, Porto, Afrontamento, 1976, p. 226.

[56] Noronha, Ricardo, *op. cit.*, p. 11.

conscientemente formulado e concretizado na prática de causar prejuízos na taxa de acumulação de capital. Observando o exemplo da *FIAT*, percebe-se facilmente como a actuação operária se vinculou a uma prática de classe dirigida a criar fortes obstáculos à acumulação de capital: "o balanço do ano de 1969 na *FIAT* é um boletim de guerra: 20 milhões de horas de greve, 277.000 veículos não produzidos"[57]. Em suma, as lutas protagonizadas no Outono Quente de 1969 significaram: 1) uma rejeição da organização capitalista do trabalho; 2) a rejeição dos salários amarrados às necessidades dos padrões de produção; 3) a rejeição da exploração tanto no interior como no exterior da fábrica. Com uma orgânica assente no proliferar de "greves de gato selvagem", de desfiles (nas fábricas e nas ruas) e em assembleias de base, as divisões entre diferentes categorias de trabalhadores davam lugar a uma prática de unificar a classe numa base autónoma das suas decisões. Recorrendo novamente ao exemplo clássico da *FIAT*, importa perceber o impacto efectivo da luta operária nas próprias decisões da administração daquela empresa italiana. Face à grande mobilização operária registada, a 4 de Setembro daquele ano, a família Agnelli decidiu suspender 30 mil trabalhadores, como forma de represália. Face à onda de contestação e de solidariedade expressa logo a 6 de Setembro com uma greve de metalúrgicos com mais de dois milhões de aderentes a administração da *FIAT* acabaria por recuar na sua decisão.

Mas se o grau de mobilização social e política da classe trabalhadora atingiu níveis inauditos naquele país, os maiores desde as experiências de poder operário entre 1918 e 1920 em Milão e Turim, a verdade é que fora do circuito das grandes empresas industriais a restante classe trabalhadora não foi capaz de se mobilizar num patamar aproximado. Porém, importa avaliar dois fenómenos interdependentes. Por um lado, a resposta repressiva do Estado relativamente à onda de lutas autonomistas e, por outro, o isolamento e o recuo da luta colectiva e a subsequente reprodução de esquemas hierarquizados de organização para fazer frente à repressão por parte das organizações que anteriormente fomentaram a auto-organização da classe trabalhadora.

Abordando o primeiro tópico – a violência estatal contra a mobilização operária autonomista –, recorde-se desde logo o massacre na dependência

[57] Cazzulo, Aldo, *I ragazzichevolevano fare la rivoluzione. 1968-1978. Storiacritica di Lotta Continua*, Milão, Sperling and Kupfer, 2006, pp. 75-76.

da *Banca dell'Agricoltura*, na Piazza Fontana de Milão, em 12 de Dezembro de 1969, que causou 17 mortos e 88 feridos. Investigações iniciais tentariam incriminar militantes anarquistas (um deles acabaria por se suicidar numa esquadra da polícia), mas só muito recentemente é que as investigações judiciais denunciaram ligações entre elementos de extrema-direita (nomeadamente o grupo *Ordino Nuovo* que teria dirigentes seus condenados em 2001 para, três anos mais tarde, serem alvo de uma amnistia judicial), os serviços secretos militares italianos (a SID) e a Operação Gládio, desencadeada pela CIA devido ao temor instalado em Washington relativamente ao ressurgimento de fortes lutas operárias um pouco por toda a Europa[58].

Ainda sobre este tópico, Alessandro Silj expõe num estudo o grau de violência gerado como resposta às lutas autonomistas. "De 1969 a 1980 foram registados 12.690 ataques e outros incidentes violentos motivados politicamente, matando 362 pessoas e ferindo outras 4,490. (...) O primeiro ataque ocorreu em Dezembro de 1969 na Piazza Fontana em Milão e o mais violento ocorreu na estação de comboios de Bolonha em Agosto de 1980, resultando num total de 85 mortos e de mais de 200 feridos"[59].

A resposta das duas maiores organizações autonomistas – *Lotta Continua* e *Potere Operaio* – foi o armamento e o isolamento. "Tanto *Lotta Continua* como *Potere Operaio* tenderam em todo o caso a militarizar a sua intervenção e estrutura, a assumir o confronto com o aparelho repressivo do Estado como uma questão de estratégia militar, a valorizar os aspectos formais e hierárquicos da própria organização, numa tensão insurrecional que continuamente mimetizava o leninismo e facilmente se desligava das dinâmicas de conflito e antagonismo que caracterizavam então as formas difusas da autonomia operária"[60].

Críticas iniciais do substitucionismo leninista, estas organizações acabaram por reproduzir os princípios hierarquizados, auto-centrados e desligados da participação popular espontânea. O isolamento das duas organizações da generalidade dos trabalhadores foi descrito da seguinte maneira: "No seio do movimento esta evolução repressiva foi encarada como um convite à militarização, aceite por alguns, recusada por outros,

[58] Uma enumeração dos acontecimentos pode ser vista na página do jornal *La Repubblica*: http://www.repubblica.it/online/fatti/fontana/fontana/fontana.html.

[59] Silj, Alessandro, *Malpaese, Criminalità, corruzione e politica nell'Italia della prima Repubblica 1943-1994*, Roma, Donzelle, 1994, p. 113.

[60] Noronha, Ricardo, *op. cit.*, p. 14.

que produziu fracturas e diferentes pontos de vista, transversais às formas organizativas horizontais e assembleárias adotadas. A centralização de tarefas de coordenação e a constituição de serviços de ordem cada vez mais para-militares e hierarquizados, cuja primitiva função de contra-poder e auto-defesa no interior do movimento evoluiu crescentemente para formas insurreccionais"[61].

De facto, esta tendência resulta do próprio recuo da dinâmica classista de mobilização do operariado e dos estudantes italianos já em plena década de 70. Evidentemente, a via para-militar seria contestada por alguns sectores *operaistas* dispostos a denunciar o que consideravam ser uma "vertigem insurreccional", contrapondo-lhe palavras de ordem como *"A revolução terminou. Vencemos."* e *"Não tomar o poder"*. Em certa medida, se a crítica à via para-militar e isolacionista era, no fundamental, ajustada, mantinha-se uma noção de que a luta do proletariado contra o capital seria doravante permanente e que as condições materiais estariam desenvolvidas para a construção de uma nova sociedade que se iria desenvolvendo nos interstícios de um capitalismo em refluxo. Em poucas palavras, perpassava uma tese política de que as múltiplas paragens da produção teriam criado uma crise irreversível na base económica. Como hoje sabemos, o capitalismo superaria o próprio fordismo com a introdução do toyotismo, recorrendo inclusive a dinâmicas operárias (entretanto esvaziadas) na formulação dos Círculos de Controlo de Qualidade ou do sistema *just in time*[62].

[61] *Idem, ibidem*, p. 15.

[62] O sistema *just in time* permite a produção de novos produtos à medida que vão chegando as encomendas. Ou seja, o *volume* da oferta em vários sectores industriais passa a ser definido pelo prévio *volume* da procura. Correspondendo a uma inversão dos termos relativamente ao fordismo, o sistema *just in time* correspondeu também a uma resposta às investidas operárias que em Itália tenderam a sabotar e em parar a produção no sentido de prever possíveis aumentos do ritmo de produção determinados pelas administrações das empresas. O objectivo destas consistia em aproveitar os momentos de actividade laboral (e/ou de negociação sindical) para repor os *stocks* de mercadorias que não estavam a ser produzidos em resultado das greves. Ora, a este exercício de antecipação da oferta o operariado de grandes fábricas italianas respondeu com uma acção ainda mais enérgica na sabotagem e na paragem da produção. A paragem de uma hora por dia, semanas a fio, e alternando pontos distintos da cadeia de produção ajudou a golpear a produção da procura pelas empresas capitalistas fordistas. Assim, um aspecto técnico como o sistema *just in time* tem tanto de eficiência no aproveitamento de recursos como de resposta social e organizacional às mobilizações operárias. A tecnologia é, assim, uma materialização organizacional, técnica e científica de relações sociais que lhe subjazem.

Por conseguinte, o operariado envolvido nos processos *operaistas* dos anos 60 e 70 surge na cena política na medida em que ao gradual esgotamento do paradigma fordista, se somavam as dificuldades do patronato em conceder aumentos salariais acima ou ao nível da inflação e a consequente erosão do pacto negocial entre empresas e sindicatos. O desencanto com a conciliação crescente das confederações sindicais resultou no desenquadramento progressivo de amplas camadas operárias da influência e da acção sindical, o que auxiliou o surto espontâneo de lutas até então raramente vistas no movimento operário ocidental. Colocando em causa a institucionalização parlamentar dos Partidos Comunistas e a concertação negocial dos sindicatos com o Estado e com as associações patronais, portanto, colocando em causa toda a arquitectura institucional política que permitiu taxas de crescimento económico e de lucro fabulosas durante os vinte anos seguintes ao pós-Segunda Guerra Mundial, o operariado pôde alcandorar-se a uma posição autónoma na cena política e social. Por outras palavras, como uma classe constituída como agente político e social com os seus interesses económicos próprios, expressos designadamente no plano ideológico pela rejeição do trabalho nas condições fordistas e, no plano político, pela difusão de novas ferramentas de luta. Mas se a rejeição do que denominei de arquitectura institucional política do fordismo e do trabalho capitalista foi um dado ilustrativo dos avanços das experiências *operaistas* em relação à Revolução Russa, também é verdade que as teses de 69 em torno da criação de "um comunismo já", a partir do desenvolvimento de uma "atmosfera capaz de encarnar a utopia de uma comunidade organizada fora do modelo económico de trabalho e de salários" conforme o conhecemos, tendeu a cair na assunção de que a política seria "um luxo"[63]. Por outras palavras, a existência de algumas atitudes voluntaristas[64] reforçaram asserções que viam o Estado como um aspecto acessório para a transformação social. Onde o leninismo reduziu a luta dos

Quando a derrota de um dado movimento dos trabalhadores implica a reestruturação orgânica do capitalismo, isso permite-nos avaliar a força real daquele movimento.

[63] Balestrini, N.; Moroni, P., *L'orda d'oro*, Milão, Sugar Co Editioni, 1988, p. 334.

[64] "A situação em Itália é agora caracterizada por um contra-poder indomável e radical, que não mais tem a ver em nada com o trabalhador fabril (...). Pelo contrário, estamos numa situação em que dentro de todo o processo de reprodução – e isto deve ser sublinhado – *a auto-organização dos trabalhadores foi definitivamente atingida*" (Negri, Antonio, *Dall' operaio massa all'operaio sociale. Intervista sull' operaismo*, Verona, Ombre Corte, 1978, p. 138 [itálicos meus]).

trabalhadores ao seu aspecto puramente político, o *operaismo* enveredou por uma visão simétrica ao nível do económico.

Se a identificação do nervo central da transformação social se tornou um domínio muito mais presente nas movimentações da classe trabalhadora, não deixou de ser sintomática a quase ausência de reflexão sobre o que o leninismo concretizou ao nível da tomada do poder de Estado e sobre o que Marx tinha observado nas revoluções operárias do século XIX: a necessidade de se quebrar a estrutura interna e burocrática do aparelho de Estado. A esta omissão do político terá contribuído o facto de não ter ocorrido uma desestruturação do Estado, algo que cavou o avanço da generalidade das outras lutas operárias. Tanto a Comuna de Paris como a Revolução Russa de 1917 foram possíveis graças à erosão do poder estatal, deixando um vazio por preencher. Mesmo no caso português da revolução de 1974/75, a falência e subsequente derrube do regime ditatorial detonou uma inesperada e gigantesca mobilização popular. Nos casos do Maio de 68 e do Outono italiano do ano seguinte, não ocorreu sequer uma queda de um regime, quanto mais uma desestruturação do Estado ao nível das forças armadas, da organização institucional e do funcionamento hierárquico das cadeias de comando. Ora, este fenómeno de inexistência de uma erosão institucional ao nível do Estado constitui, por um lado, uma novidade histórica na avaliação dos factores potenciadores de lutas das classes exploradas. É certo que o fordismo aparentava sinais de algum esgotamento enquanto paradigma sociotécnico de organização da força de trabalho e da produção, mas ao nível estritamente estatal o mesmo não se verificava. Além de demonstrar o poder crescente das empresas multinacionais e transnacionais relativamente ao poder político e a institucionalização cada vez mais densa e multiforme dos mecanismos políticos de regulação social, as movimentações *operaistas* comprovam também que a classe trabalhadora pode desencadear práticas de luta sem ter de esperar que ocorram desintegrações profundas da estrutura política dominante. Todavia, se este é um factor com menos preponderância na detonação da luta das classes exploradas, também cabe apontar que sem uma (endógena ou exógena) desintegração da rede de aparelhos estruturais burocráticos e hierarquizados do Estado, o seu poder político e repressor mantém-se relativamente incólume. A esperança de que seria possível reproduzir um contra-poder numa posição estável e duradoura – portanto, prolongando indefinidamente uma espécie de dualidade de poder – adequa-se a uma experiência de mobilização operária historicamente inovadora no plano da rejeição do capitalismo mas que, pelas condicionantes supramencionadas, nunca se colocou no plano da transformação da estrutura política. Não por acaso, a constituição de um modo de produção comunista é considerada como um derradeiro processo político de fusão do económico com o político. De um económico liberto da divisão entre as funções de direcção e de gestão do processo de produção e a função de produção de bens e serviços. E de um político constituído sob a forma de uma burocracia tecnocrático e subsequentemente substituído pela administração colectiva e democrática do conjunto dos trabalhadores sobre o trabalho e sobre as questões mais gerais de regulação da vida social da comunidade.

## IV. E Hoje?

A penetração do nacionalismo e do estatismo em boa parte da esquerda comunista não só tem colocado as tarefas soberanistas acima da luta da classe trabalhadora, como tem colocado esta última ao serviço da primeira. Mais ainda no actual contexto de crise económica, a esquerda nacionalista herdeira do marxismo em nada tem respondido à encruzilhada sistémica com que o capitalismo europeu se defronta neste momento. Raciocinando como se a transnacionalização da economia não fosse uma realidade, confundindo recorrentemente as cíclicas crises económicas com as raras crises de dominação das classes dominantes[65], continuando agarrada a formas hierárquicas de poder e, nalguns casos, suspirando pela reedição de um capitalismo de Estado, a generalidade da esquerda que se reclama do marxismo persiste na reprodução dos erros e das ambiguidades do passado. A escolha da experiência soviética e do leninismo como tema da secção II deste texto não foi aleatória. Se esse foi o exemplo histórico e político mais comentado dos últimos cem anos pela esquerda anticapitalista, esse é também o exemplo canónico da persistência histórica de ambiguidades profundas de sectores de uma esquerda que se crê anticapitalista mas que convive acriticamente com o nacionalismo e com a defesa de um socialismo miserabilista, arcaizante e ainda mais explorador do que o capitalismo.

Uma sociedade comunista não é inevitável, tal como quase nada o é na vida social. Todavia, se uma sociedade sem classes é uma possibilidade

[65] Problematizou-se esta questão na quarta parte do artigo "O nacionalismo, a esquerda anticapitalista e o euro" publicado no *site Passa Palavra*: http://passapalavra.info/?p=60891.

implícita nas relações comunitárias, solidárias e horizontais que as lutas sociais dos trabalhadores foram desenvolvendo ao longo dos últimos 150 anos, então só dessas mesmas lutas sociais – da sua efectivação e da sua análise crítica – algo de substantivamente alternativo ao capitalismo pode surgir. Lutas sociais que terão de integrar um vector internacionalista e centrando-se nos locais de trabalho, precisamente onde decorre o processo de exploração capitalista e a partir de onde se podem transformar as relações de trabalho. Só as lutas sociais dos trabalhadores poderão ultrapassar os alçapões ideológicos e práticos que continuam a animar o trabalho político da generalidade da esquerda anticapitalista. Mais do que uma doutrina ou o programa de uma ou outra organização política portadora de uma qualquer "verdade", o comunismo é a reflexão sobre as condições socioeconómicas, históricas e políticas em que decorrem as lutas sociais da classe trabalhadora e a partir das quais novas relações sociais e novas instituições podem surgir.

## Bibliografia Essencial

AA. VV., *A contra-revolução burocrática*, Coimbra, Centelha, 1978;

Bernardo, João, *Labirintos do fascismo. Na encruzilhada da ordem e da revolta*, Porto, Afrontamento, 2003;

Bernardo, João, *Para uma teoria do modo de produção comunista*, Porto, Afrontamento, 1974;

Codato, Adriano; Perisinotto, Renato, *Marxismo como ciência social*, Curitiba, Editora da Universidade Federal do Paraná, 2011;

Debord, Guy, *A sociedade do espectáculo*, Lisboa, Antígona, 2012;

Marx, Karl; Engels, Friedrich, *A Ideologia Alemã*, in *Obras Escolhidas em Três Tomos*, Primeiro Tomo, Lisboa, Edições Avante, 1982 (também disponível em: http://www.marxists.org/portugues/marx/1845/ideologia-alema-oe/index.htm);

Marx, Karl; Engels, Friedrich, *Manifesto do Partido Comunista*, Lisboa, Edições Avante, 1974;

Mattick, Paul, *Marx & Keynes. Limites da economia mista*, Lisboa, Antígona, 2010;

Neves, José, *Comunismo e nacionalismo em Portugal*, Lisboa, Tinta da China, 2008;

Poulantzas, Nicos, *Political power and social classes*, Londres, Verso, 1978.

# Socialismo Democrático

ANA RITA FERREIRA[*]

## I. As Origens

É comum afirmar-se que o socialismo democrático ou social-democracia[1] surgiu, enquanto ideologia política autónoma, em finais do séc. XIX, como uma crítica ao marxismo, do mesmo modo que é habitual considerar-se que Eduard Bernstein foi o seu primeiro grande teorizador. A social-democracia é geralmente apresentada como um "revisionismo" do socialismo científico e Bernstein classificado como o primeiro dos "revisionistas", precisamente porque, tendo começado por ser um apoiante das teses marxistas, acabou por "rever" essas teses e propor novos caminhos e objectivos políticos. Estas afirmações não estão incorrectas, mas, para melhor compreender a ideologia social-democrata, é necessário perceber que Bernstein levou a cabo muito mais do que um simples processo de "revisão" do socialismo marxista, em que havia acreditado e de que até havia sido um dos principais teóricos durante a sua juventude – e fê-lo porque o seu pensamento foi muitíssimo influenciado pela tradição liberal e democrática britânica.

* Doutoranda em Ciência Política no Instituto de Estudos Políticos da Universidade Católica Portuguesa e no Centro de Estudos Humanísticos da Universidade do Minho.

[1] As expressões "socialismo democrático" e "social-democracia" são aqui usadas como sinónimos, uma vez que, no contexto europeu, ambas são utilizadas para fazer referência à mesma ideologia, que é aquela que se localiza no centro-esquerda do espectro político.

Militante destacado do Partido Social-Democrata (SPD) alemão, Bernstein viu-se obrigado a procurar exílio em Londres em 1888, para fugir à perseguição política que lhe era movida pelo chanceler Bismark. Ora, esta experiência de exílio na Grã-Bretanha acabou por ser fulcral para a mudança do seu pensamento. Neste país, estava já instituída uma forte democracia parlamentar, os direitos liberais clássicos (como a liberdade, a segurança ou a propriedade) eram altamente protegidos e uma parte das elites intelectuais britânicas, muitas vezes organizada em associações políticas, defendia já valores igualitários e demonstrava preocupações sociais, sem rejeitar, no entanto, a tradição da liberdade britânica, nem o método democrático de escolha dos governantes. Bernstein, até então marxista ortodoxo, começa a tomar contacto com esta nova realidade política.

Uma das associações com que Bernstein inevitavelmente contactou foi a *Fabian Society* (Sociedade Fabiana), que havia sido fundada em 1884 e que era totalmente composta por uma classe média intelectual, cuja maioria nunca fora marxista, não acreditava na via revolucionária para a conquista do poder, nem em qualquer colapso do capitalismo, bebendo antes influências na tradição liberal, nomeadamente em John Stuart Mill, defendendo a democracia constitucional e a iniciativa económica privada e opondo-se muitos deles até à formação de um partido socialista autónomo[2]. No fundo, os membros desta Sociedade pretendiam mesclar um tipo de liberalismo e um tipo de socialismo, dado que não deixavam de ter como grandes preocupações o desemprego, a pobreza e as condições da classe trabalhadora, considerando que, para fazer face a estes problemas, era necessário aumentar os poderes do Estado em áreas como a saúde, a educação ou a contratação laboral. Alguns fabianos defendiam mesmo que estas novas funções públicas deveriam ser financiadas por impostos progressivos sobre o rendimento (um mecanismo a que chamavam "taxação radical"), sobre as heranças, sobre a propriedade e sobre os bens de luxo, mas não sobre o consumo de bens essenciais, de forma a que os serviços públicos conseguissem promover, por via fiscal, maior igualdade entre os cidadãos, assim como garantir que todos aufeririam um rendimento "mínimo nacional"[3].

[2] Cf. Sasson, Donald, *Cem Anos de Socialismo – volume I*, Lisboa, Círculo de Leitores, 2001, p. 45.

[3] Cf. McBriar, A. M., *Fabian Socialism and English Politics 1884-1918*, Cambridge, Cambridge University Press, 1966, pp. 107-108.

Sidney Webb – unanimemente considerado o "chefe ideológico"[4] da *Fabian Society* nestes seus primeiros anos de actividade – rejeitava, por exemplo, a doutrina da mais-valia e a ideia de luta de classes próprias do pensamento marxista. Pelo contrário, defendia que o socialismo era um objectivo ético, mas simultaneamente pragmático, que só seria possível atingir através de um processo gradual e não revolucionário. Webb cunhou a expressão "inevitabilidade do gradualismo" precisamente para se referir ao caminho para o socialismo, no que era seguido pela maioria dos membros da Sociedade Fabiana, defensora de um socialismo reformista, evolutivo, paulatino, pacífico e democrático, que não queria destruir o capitalismo, mas apenas corrigir as suas injustiças[5].

Os fabianos compunham uma parte importante da elite intelectual da Grã-Bretanha que começou, no final do século XIX, a elaborar as primeiras propostas teóricas e empíricas que a social-democracia veio a consolidar e desenvolver mais tarde. Foram, pois, os intelectuais da esquerda britânica da época que apresentaram as primeiras medidas que viemos posteriormente a considerar como sendo sociais-democratas, mesmo que inicialmente o fizessem sem um corpo ideológico bem definido ou abrangente. Os primeiros sociais-democratas, tal como hoje concebemos a social-democracia[6], foram, de facto, britânicos e não alemães. E faz sentido que assim tenha sido, uma vez que o socialismo democrático se inspirou, desde a sua génese, no liberalismo e no ideal democrático, pelo que era natural que germinasse num país onde os valores liberais e a democracia estivessem instituídos – como era o caso da Grã-Bretanha e como estava ainda longe de ser o caso da Alemanha.

A social-democracia deu pois os seus primeiros passos em solo britânico, onde organizações de esquerda discutiam e escreviam sobre os temas que vieram a tornar-se típicos desta ideologia. Faziam-no, na altura, com o objectivo de influenciar a política britânica, nomeadamente as posições do Partido Liberal, dado que estas primeiras propostas surgiram ainda antes de alguns destes intelectuais ajudarem a formar o Partido Trabalhista, já na viragem para o século XX. Contudo, a verdade é que cada um destes

[4] Benewick, Robert; Green, Philip, *Twentieth-Century Political Thinkers*, Londres, Routledge, 1992, p. 253.

[5] Cf. McBriar, A. M., *op. cit.*, p. 67.

[6] Uma vez que, inicialmente, antes até de esta ideologia ter surgido, o termo "social-democrata" era ainda utilizado como sinónimo daquilo que hoje definimos como "comunista".

intelectuais abordava apenas temas parcelares – alguns defendiam a imposição de impostos progressivos, outros afirmavam que o governo devia promover a igualdade, outros advogavam o aumento das funções do Estado, outros abordavam a importância do acesso à educação, outros preocupavam-se com o trabalho infantil, mas nenhum compilava e correlacionava todos estes aspectos. Mesmo a *Fabian Society* não tinha um corpo doutrinal único e o fabianismo não significou "uma nova síntese"[7] no pensamento social, capaz de emergir entre marxismo e liberalismo. E é aqui que reside a originalidade de Eduard Bernstein, pois é ele que vai conseguir sistematizar as várias ideias, valores e objectivos da social-democracia, vai resumir os pressupostos do socialismo democrático como nenhum pensador britânico havia feito anteriormente.

Em suma, a "pátria" desta ideologia é britânica, pois foi na Grã-Bretanha que começou a "nascer", mas o seu "pai" foi um alemão, que, saído do marxismo, elaborou um conjunto ideológico coerente, fortemente influenciado pelo pensamento liberal e pela experiência democrática britânica, por um lado, e também pela descrença no fim do capitalismo e pela defesa de reformas políticas graduais e realistas levadas a cabo num sentido socialista, dentro de um quadro parlamentar, por outro lado[8]. De facto, o socialismo democrático, na sua génese primordial, havia começado por ser não tanto um corpo teórico sólido, mas mais uma ideologia pragmática, muito baseada na observação das dificuldades reais das pessoas reais. Bernstein absorveu tudo isto, mas, a partir daqui, construiu um novo modelo ideológico abrangente, elaborou um corpo doutrinário que procurava conciliar aspectos de ideologias antagónicas[9], apresentando medidas empíricas concretas e exequíveis, mas desenvolvendo também os fundamentos éticos que lhes subjaziam.

Durante os primeiros anos em Londres, o afastamento de Bernstein relativamente ao socialismo científico foi tornado público numa série de artigos que escreveu para o jornal oficial do SPD, numa colecção a que chamou *Probleme des Sozialismus* (*Problemas do Socialismo*). Nesses trabalhos, o autor mostrava já recusar a via revolucionária de tomada do poder, fazendo

[7] McBriar, A. M., *op. cit.*, p. 346.

[8] *Idem, ibidem*, p. 71; cf. Freeden, Michael, *Ideologies and Political Theory: A Conceptual Approach*, Oxford, Clarendon Press, 1998, p. 473; cf. Sasson, Donald, *op. cit.*, p. 45.

[9] Cf. Freeden, Michael, *op. cit.*, pp. 436 e ss.

um paralelismo "com a crença fabiana no gradualismo"[10], e, consequentemente, rejeitava também a ideia do estabelecimento de uma ditadura do proletariado. Pelo contrário, passou a defender que o desenvolvimento da democracia parlamentar iria permitir à classe trabalhadora enfrentar a burguesia em condições de legalidade e de igualdade e que, por isso, o poder podia e devia ser alcançado por meios pacíficos, por meio de eleições e segundo o enquadramento constitucional.

Nestes artigos, Bernstein critica também a ideia marxista segundo a qual o sistema capitalista chegaria a um estádio que fatalmente conduziria à sua crise final, começando até a negar a tese da crescente e inevitável pauperização do proletariado, que Marx defendera vir a acontecer. O sistema capitalista, proclamava agora Bernstein, gozava de boa saúde e desenvolvera mesmo a capacidade de se auto-regular e de evitar as supostas crises cíclicas. Simultaneamente, constatava ele, assistia-se a uma expansão das pequenas e médias empresas industriais, comerciais e agrícolas e a um aumento dos grupos sociais intermédios, nomeadamente o fortalecimento da classe média – e não uma concentração do capital e uma polarização da sociedade, como previra Marx[11]. Ainda assim, era certo que a insegurança laboral e o receio do desemprego continuavam a marcar a classe trabalhadora. No entanto, Bernstein considerava que estes problemas deviam ser encarados com novas soluções políticas no quadro do capitalismo.

Estes artigos tiveram o mérito de lançar, no seio do SPD alemão, o debate sobre a veracidade e exequibilidade das teorias marxistas. Porém, estes primeiros anos de debate partidário, que coincidiram com a última década do século XIX, foram ainda anos de forte ambiguidade ideológica – uma ambiguidade que não era sequer vista como tal, pois ninguém parecia assumir as contradições entre o pensamento marxista e o pensamento bernsteiniano. É por esta razão que, em 1891, quando Eduard Bernstein e Karl Kautsky escrevem conjuntamente o novo programa do SPD – o programa partidário que veio a ser aprovado em Erfurt –, redigem um documento que se mantém completamente marxista, ortodoxo, revolucionário, ao nível da fundamentação teórica, inscrita na primeira parte do programa, totalmente escrita por Kautsky, mas que é simultaneamente

[10] *Idem, ibidem*, p. 437.

[11] Cf. Benewick, Robert; Green, Philip, *op. cit.*, pág. 24; cf. Paím, António, "Apresentação", in Bernstein, Eduard, *Socialismo Evolucionário*, Rio de Janeiro, Jorge Zahar Ed./Brasília, Instituto Teotônio Vilela, 1997, pp. 7 e ss; cf. Sasson, Donald, *op. cit.*, p. 47.

um documento já claramente social-democrata, revisionista, reformista, ao nível das propostas práticas e dos objectivos que o partido se propõe perseguir, contidos na segunda parte do programa, a parte escrita pelo punho do próprio Bernstein. Este Programa de Erfurt é um documento de transição, ainda incoerente, dado que nele dominava a tendência marxista na justificação teórica, mas já se detectava a tendência do socialismo liberal e democrático no capítulo das medidas pragmáticas.

Com efeito, as reivindicações apresentadas por Bernstein neste programa vão ao encontro dos princípios do liberalismo clássico e da democracia parlamentar, pois incluíam, entre outros conceitos, a consagração do sufrágio universal, incluindo as mulheres, o direito ao referendo, a separação da Igreja do Estado, a revogação das leis que discriminavam as mulheres, a instituição do controlo parlamentar sobre a política externa, da liberdade de associação e de opinião, da total igualdade de direitos civis e políticos, como liberdade de associação, de reunião, ou de expressão para todos os cidadãos. Porém, as suas reivindicações no Programa de Erfurt incluíam também medidas de vanguarda que se traduziriam numa criação de um Estado Social, como eram a instituição de sistemas de assistência legal gratuita, assistência médica gratuita, funerais gratuitos, ensino gratuito a todos os níveis, incluindo o superior. Estes serviços deveriam ser financiado "através da taxação gradual dos rendimentos, da propriedade e dos direitos sucessórios"[12], propondo-se mesmo a abolição de todos os impostos indirectos, por serem regressivos. Por fim, Bernstein apresentava ainda propostas relativas aos direitos dos trabalhadores, como a fixação da duração do trabalho diário em oito horas, a necessidade de regulação das condições de trabalho, a proibição do trabalho infantil, o direito de constituir sindicatos, ou o estabelecimento de um seguro de trabalho pago pelo Estado e administrado pelos trabalhadores. Ou seja, em 1891, o SPD, pela mão de Eduard Bernstein, "tinha já formulado as reivindicações nucleares que, sob uma ou outra forma, viriam a constituir as coordenadas centrais de praticamente todos os programas da social-democracia da Europa Ocidental no século XX"[13]: a democratização da sociedade, a defesa dos direitos individuais, a criação do Estado Social e a regulação do mercado de trabalho. Estas reivindicações tinham, como matriz comum, o desejo

[12] Sasson, Donald, *op. cit.*, pp. 56 e ss.

[13] *Idem, ibidem*, p. 56.

de eliminação de certas desigualdades, consideradas inibidoras de uma cidadania plena.

Naturalmente, todas estas exigências eram possíveis de perseguir num regime capitalista, com propriedade privada dos meios de produção, o que vinha pôr em causa o cenário teórico esboçado por Kautsky na primeira parte deste Programa de Erfurt. De facto, não só não existe uma relação fundamental entre as duas secções, uma vez que não é indispensável aceitar as premissas teóricas para apoiar os objectivos práticos, como é até necessário recusar o marxismo kautskista para poder levar a cabo as medidas propostas por Bernstein – porque para aceitar as reformas é preciso abdicar da revolução, para aceitar melhorar gradualmente as condições da classe trabalhadora é preciso aceitar que o capitalismo veio para ficar, para aceitar a necessidade de extensão e igualdade dos direitos civis e políticos é necessário esquecer a ditadura do proletariado.

As ideias de Bernstein correspondem a uma mudança substancial do socialismo vigente, exigindo "não uma simples adaptação da doutrina corrente, mas uma transformação drástica"[14] da ideologia. Pode mesmo afirmar-se com propriedade que não se tratava de uma mera "revisão", mas do surgimento de uma nova ideologia por direito próprio, de tal forma os seus alicerces se afastavam dos do socialismo científico[15]. A palavra "revisionismo", aplicada ao socialismo democrático, será apropriada, na medida em que revela que foi a partir dos debates internos, ocorridos no seio do marxismo, que esta nova ideologia foi verdadeiramente desenvolvida, mas poderá induzir-nos em erro, se nos levar a pensar que o produto final que emergiu deste debate foi apenas "uma versão revista do original"[16].

É verdade que ao paradoxos ideológicos do Programa de Erfurt eram exactamente os que já haviam ressaltado dois anos antes, em 1889, aquando da realização, em Paris, da Segunda Internacional Socialista – a propósito da celebração dos 100 anos da Revolução Francesa. Nesta magna reunião, a maioria dos partidos e organizações presentes afirmava-se marxista e o seu discurso era revolucionário e anti-capitalista, à excepção da *Fabian Society* e de poucas mais organizações de entre todas as que marcaram

[14] *Idem, ibidem*, p. 46.

[15] Cf. Wright, Tony, "Social Democracy and Democratic Socialism", in Eatwell, Roger; Wright, Tony, *Contemporary Political Ideologies*, Boulder, Westview Press, 1993, pp. 79 e 84.

[16] *Idem, ibidem*, p. 83.

presença[17]. Ainda assim, todas concordaram com a ideia de lutar para que fossem tomadas medidas efectivas que permitissem tornar a vida dos trabalhadores digna e suportável no contexto do capitalismo, tais como o dia de trabalho de oito horas, ou a abolição do trabalho infantil, por exemplo. Esta posição significava que estas organizações se colocavam dependentes da prosperidade do sistema capitalista, mas, mesmo assim, nenhum dos auto-proclamados marxistas viu neste aspecto contradição de fundo alguma[18]. Uma razão para esta falta de problematização foi seguramente o facto de a maioria das organizações herdeiras do socialismo científico presentes nesta Segunda Internacional – como era, por exemplo, o caso do Partido Socialista Operário Espanhol (PSOE), ou da Secção Francesa da Internacional Operária (SFIO), antecessora do Partido Socialista Francês – não terem, à época, "qualquer pensador de craveira"[19] e estarem muito mais interessadas em propostas práticas do que em elaborar teses teóricas. Na verdade, exceptuando o caso da Grã-Bretanha, os diversos partidos socialistas limitavam-se a reproduzir a doutrina marxista, ainda que a sua prática pudesse ser muito distinta. Até na Alemanha a discussão clarificadora prolongou-se por vários anos.

É habitual considerar-se a realização da Segunda Internacional como o marco inaugurativo do socialismo democrático. É verdade que na Grã-Bretanha a social-democracia foi surgindo como um conjunto de propostas concretas, às vezes avulsas e até desconexas, e como um corpo teórico difuso e nada unívoco, pelo que não podemos encontrar aí uma data particular para o "nascimento" desta nova ideologia. Além disso, foi nesta reunião internacional que os socialistas, mesmo os marxistas, preocupados com as condições de vida do proletariado, se comprometeram a apoiar reformas graduais que melhorassem a sua situação, mesmo que na vigência de sistemas capitalistas.

Todavia, só dois anos depois, na referida secção do Programa de Erfurt, as propostas apresentadas implicam não apenas o compromisso com o reformismo, o gradualismo e com as condições da classe trabalhadora, como vão mais longe e compõem aquilo que viria precisamente a marcar a ideologia social-democrata como um todo, pois as suas reivindicações não

[17] Cf. Sasson, Donald, *op. cit.*, p. 18.

[18] Cf. *Idem, ibidem*, p. 22.

[19] *Idem, ibidem*, p. 42.

se limitam ao campo laboral, mas chegam já ao campo dos direitos civis e políticos e ao campo dos direitos sociais universais e gratuitos, garantidos por serviços públicos sustentados por impostos. Estas ideias ainda não estavam presentes nas conclusões da Segunda Internacional, mas vieram a assumir o papel central no seio da social-democracia, pelo que podemos dizer que só o Programa de Erfurt nos mostra como a social-democracia nasceu marcada pelo objectivo de tornar todos os indivíduos iguais em direitos – direitos civis e políticos, direitos laborais, mas também direitos sociais – e como esta consagração plena de direitos visava diminuir as desigualdades existentes. Foi neste programa que Bernstein, parecendo focar-se nos *meios* da social-democracia (i.e., nas suas propostas empíricas concretas), conseguiu estabelecer os *fins* desta ideologia (i.e., os seus objectivos); só a partir daqui se percebeu inegavelmente que a defesa das liberdades individuais, do sistema democrático e da igualdade social constituíam os pilares axiológicos do socialismo democrático, pelos quais Bernstein mostrava que havia que lutar de forma conjugada.

Em 1899, Eduard Bernstein aprofunda estas ideias na sua obra *Evolutionary Socialism* (*Socialismo Reformista*)[20], onde nega já claramente a concepção materialista da História, recusa a ideia de que o socialismo seja um "objectivo final" a ser alcançado e defende que o socialismo é antes um processo contínuo de reformas, reformas legislativas práticas, a serem levadas a cabo em democracia[21]. Declara mesmo que "a democracia é uma condição para o socialismo"[22], que sem "instituições e tradições democráticas"[23] não é possível levar à prática a ideologia social-democrata. De igual modo, assume que o socialismo democrático quer regular o capitalismo e já não acabar com ele, pois considera que o seu fim geraria ineficiência económica e impediria o desenvolvimento social, algo que prejudicaria a sociedade como um todo, afectando nomeadamente as classes inferiores[24]. E foram, então, estas premissas que marcaram a social-democracia daí em diante.

[20] Esta obra foi inicialmente editada em inglês e mais tarde publicada em alemão com um título mais extenso que se traduz por *Os Pré-Requisitos para o Socialismo e as Tarefas da Social Democracia*.

[21] Cf. Bernstein, Eduard, *Socialismo Evolucionário*, Rio de Janeiro, Jorge Zahar Ed./Brasília, Instituto Teotônio Vilela, 1997, pp. 24 e 147; cf. Benewick, Robert; Green, Philip, *op. cit.*, p. 24.

[22] Bernstein, Eduard, *op. cit.*, p. 126.

[23] *Idem, ibidem*, p. 126.

[24] Cf. *Idem, ibidem*, pp. 101 e 120.

Naturalmente, a social-democracia bernsteiniana tem, em si, uma meta, mas esta já não é "um facto simplesmente determinado de antemão pela teoria, cuja realização se espera que ocorra mais ou menos fatalista"[25], é apenas uma "meta desejada (...), pela qual se luta"[26], recorrendo aos instrumentos democráticos. Esta meta consiste numa sociedade onde seja possível a "ampliação dos direitos políticos e económicos das classes trabalhadoras"[27], ou seja, uma sociedade mais igualitária, mas não no sentido em que pretende uma "diminuição do número de 'ricos'"[28], mas sim um "aumento da riqueza social"[29] geral, que permitiria o melhoramento da posição relativa dos mais desfavorecidos. Bernstein não quer tanto "nivelar as pequenas diferenças de rendimento"[30], mas sim "proporcionar a todos uma dignidade igual"[31]. Afirma mesmo que a social-democracia "não deseja estabelecer uma sociedade proletária"[32], mas sim pugnar por "elevar o trabalhador, de uma situação social de proletário, à posição geral de cidadão e, assim, fazer da cidadania um direito universal"[33].

Bernstein procura mostrar como o socialismo científico estava errado e como o seu pensamento foi beber ao liberalismo, respeitando as ideias de igual liberdade e de igualdade perante a lei. De facto, nesta obra, o autor declara que "não existe hoje um pensamento realmente liberal que não pertença também aos elementos do ideário socialista"[34]. Diz até que no que respeita ao liberalismo, como movimento histórico universal, o socialismo é seu herdeiro legítimo, não apenas do ponto de vista cronológico, como também do ponto de vista do conteúdo social. Nesse sentido, considera que sempre que um avanço dito socialista implicasse colocar em perigo as liberdades civis, a social-democracia devia opor-se-lhe. O socialismo continental não-marxista, iniciado por Bernstein, foi, de facto, buscar à tradição socialista britânica a ideia de que "a liberdade e a individualidade eram valores desejáveis"[35].

[25] Paím, António, "Apresentação", in Bernstein, Eduard, *op. cit.*, p. 10.
[26] *Idem, ibidem*, p. 10.
[27] Bernstein, Eduard, *op. cit.*, p. 27.
[28] *Idem, ibidem*, p. 58.
[29] *Idem, ibidem*, p. 59.
[30] Sasson, Donald, *op. cit.*, p. 213.
[31] *Idem, ibidem*, p. 213.
[32] Bernstein, Eduard, *op. cit.*, p. 116.
[33] *Idem, ibidem*, p. 116.
[34] *Idem, ibidem*, p. 118.
[35] Freeden, Michael, *op. cit.*, p. 457.

Assim, Bernstein assume que quer atingir uma "igual dignidade", uma "igualdade na cidadania", e que esta implicava uma extensão dos iguais direitos civis e políticos, próprios do pensamento liberal e do pensamento democrático. Contudo, apesar da influência liberal – ou, segundo o próprio, levando o liberalismo mais longe –, o autor também afirma que esta "igual dignidade" implica também a consagração de iguais direitos sociais. No fundo, Bernstein, ao contrário do marxismo, não advoga um projecto de igualitarismo puro, não defende a chamada igualdade de resultados, porque um tal projecto nunca poderia ser executado senão por um regime totalitário – e Bernstein é um democrata. Mas, se aceita que persistam algumas desigualdades, defende igualmente que a manutenção de desigualdades económicas gritantes minava qualquer igualdade civil e política. O autor afirma claramente que a mera consagração da "igualdade política nunca logrou, até hoje, ser o suficiente para garantir o desenvolvimento saudável de comunidades"[36], pois, na sua opinião, nunca existiria igual cidadania e igual liberdade sem que estivessem asseguradas as condições para o exercício dessa igual cidadania e igual liberdade. E essas condições só podiam ser garantidas através da redução de algumas desigualdades sociais e económicas, uma vez que só desta forma se alcançaria uma "condição social onde um privilégio político não pertencesse a qualquer classe, em oposição à comunidade inteira"[37], só assim se asseguraria a ausência de "opressão do indivíduo pela maioria, o que é absolutamente repugnante para os espíritos modernos"[38].

Foi, então, este o grande contributo que Bernstein trouxe ao pensamento político: o de pensar a igualdade no quadro da democracia liberal, o de mostrar que não só era possível, como era indispensável, unir a defesa de direitos negativos liberais e a prática democrática à luta contra as grandes desigualdades sociais. Sendo este o tripé em que passou a assentar a ideologia social-democrata, percebe-se por que razão foi atribuída a este autor a sua "paternidade".

Claro que os grandes instrumentos de luta contra as desigualdades consistiam na regulação do mercado de trabalho e, principalmente, no acesso igual e universal de todos os cidadãos a serviços considerados essenciais,

[36] Bernstein, Eduard, *op. cit.*, p. 119.

[37] *Idem, ibidem*, p. 113.

[38] *Idem, ibidem*, p. 113.

como a educação, a saúde, a segurança social, assim como no facto de esses serviços serem financiados por impostos progressivos, através daquilo que designamos por "redistribuição de riqueza", uma vez que, segundo este modelo de taxação, quem aufere rendimentos mais elevados paga uma maior carga fiscal e vice-versa. Isto significa, então, que, desde a sua origem, o socialismo democrático propunha que os indivíduos com menores rendimentos pudessem usufruir de serviços que, se não lhes fossem prestados pelo Estado, fatalmente lhes seriam negados, pois nunca os poderiam pagar. Isto quer dizer que, para a social-democracia, "a redistribuição da riqueza foi a principal forma através da qual foi construído o conceito de igualdade"[39] (e, de facto, desde o início que a social-democracia "concentrava as suas energias na redistribuição"[40] e não na socialização dos meios de produção).

Este princípio de redistribuição da riqueza tinha que ver com o facto de, para Bernstein, a sociedade socialista ser "baseada no princípio de associação"[41], isto é, uma sociedade em que cada individuo é "sócio"[42] dos demais, tendo, portanto, uma responsabilidade individual perante a sociedade em que está inserido. É precisamente por defender esta posição que Bernstein, apesar da influência do liberalismo, não corta a ligação com o socialismo. Porém, percebe-se que é um socialismo como "ideal moral"[43], como "busca da associação cooperativa"[44] entre indivíduos com valor igual[45]; é um socialismo ético, que se liga a um tipo de socialismo económico-social, mas não como determinismo histórico nem como teoria científica.

O socialismo democrático, tal como definido por Eduard Bernstein, tem como objectivo reduzir algumas desigualdades económico-sociais, isto é, diminuir o fosso entre ricos e pobres, melhorando a "posição *relativa* dos mais desfavorecidos"[46], mesmo que isso implicasse manter a "posição

[39] Freeden, Michael, *op. cit.*, p. 431.
[40] *Idem, ibidem*, p. 479.
[41] Bernstein, Eduard, *op. cit.*, p. 88.
[42] *Idem, ibidem*, p. 88.
[43] Paím, António, "Apresentação", in Bernstein, Eduard, *op. cit.*, p. 15.
[44] *Idem, ibidem*, p. 10.
[45] Cf. Freeden, Michael, *op. cit.*, p. 431.
[46] Plant, Raymond, "Será que Existe uma Terceira Via?", *in* Espada, João Carlos; Plattner, Marc F.; Wolfson, Adam (orgs.), *Direita e Esquerda? Divisões Ideológicas no Século XXI*, Lisboa,

*absoluta* dos mais favorecidos"[47], uma vez que só esse grau de igualdade económico-social iria ao encontro da ideia de igual valor de todos os indivíduos e garantiria uma igualdade civil e política. No seu pensamento, a consagração de direitos sociais e as medidas positivas para a sua implementação assumiam um papel central neste objectivo de diminuição das desigualdades, razão pela qual podemos dizer que Bernstein lançava, assim, as bases daquilo que, no futuro, se traduziria na criação daquilo que geralmente designamos simplesmente por "Estado Social", mas que, seguindo uma tipologia ainda muito actual de Esping-Andersen, se deve denominar como "Estado Social social-democrata" – por oposição ao "Estado Social liberal", que apenas visa garantir condições mínimas de sobrevivência aos indivíduos que provem encontrar-se em situação de dificuldade, e ao "Estado Social conservador"[48], que consagra alguns direitos, mas apenas para grupos específicos da população, esperando que sejam estruturas sociais tradicionais a assumir determinadas funções de auxílio. Pelo contrário, o Estado Social social-democrata olha para os serviços públicos que presta não como bens de consumo, não como paliativos caritativos, não como benefícios restritos, não como uma simples rede de segurança, mas como garantes de direitos, direitos universais e incondicionais, direitos a que qualquer cidadão tem acesso pelo simples facto de ser cidadão. Isto, porque se entende que estes serviços satisfazem necessidades de tal forma importantes que não podem restringir-se apenas a quem tem poder económico para os suportar, ficando quem não tem recursos fora do mercado. Bernstein deixou efectivamente bem explicitados os princípios que enformaram a social-democracia e pelos quais os sociais-democratas se bateram durante o século seguinte[49].

## II. O Primeiro "Estado Social Social-democrata" e a Política Económica

A Revolução de Outubro de 1917 e o facto de Lenine ter convocado a Terceira Internacional Socialista, também conhecida por *Komintern*, em 1919, obrigou as organizações e partidos socialistas a assumirem de forma

Universidade Católica, 2007, p. 54.

[47] *Idem, ibidem*, p. 54.

[48] Esping-Andersen, Gosta, *The Three Worlds of Welfare Capitalism*, Cambridge, Polity Press, 1990, pp. 26 e 27;

[49] Cf. Wright, Tony, "Social Democracy...", p. 83.

clara se se colocavam do lado revolucionário ou do lado reformista. A partir deste momento, foi, de facto, necessário abdicar da ambiguidade entre retórica e prática política e cada socialista teve que decidir se defendia um socialismo enquanto "objectivo final", ou um socialismo visto como "luta quotidiana", como "processo contínuo"[50]. A maioria dos partidos sofreu, por essa via, cisões profundas, tendo as facções dissidentes formado os novos partidos comunistas, alinhados com a via revolucionária, e deixando os partidos sociais-democratas definir-se como reformistas[51]. Assim, com estas cisões, os partidos de ideologia social-democrata mantiveram-se como herdeiros da Segunda Internacional, puderam afirmar as ideias iniciadas no movimento socialista britânico e aprofundadas por Eduard Bernstein e, deste modo, começaram a reforçar-se por toda a Europa, passando a ser, em poucos anos e em quase todos os países, a segunda força política.

No entanto, apesar dessa ascensão, só em 1932 os sociais-democratas ganharam pela primeira vez eleições legislativas, formando um governo estável na sua sequência: aconteceu na Suécia, onde o partido social-democrata venceu as eleições nesse ano – uma vitória que surgiu já depois do partido ter admitido claramente que pretendia apenas gerir o capitalismo e não destruí-lo. Este governo social-democrata tomou uma série de medidas para combater o desemprego, para fomentar o crescimento da economia através das obras públicas, para aumentar as prestações sociais. É certo que o Estado Social social-democrata era o verdadeiro objectivo do partido e, ao aplicar tais medidas, estava a lançar as primeiras bases[52] do projecto.

Porém, seria necessário esperar pelo final da Segunda Guerra Mundial para que um Estado Social social-democrata, cujas linhas haviam sido lançadas por Bernstein meio século antes, começasse a ser construído. Nas eleições de 1945, na Grã-Bretanha, Clement Atllee, do Partido Trabalhista, venceu Winston Churchill, do Partido Conservador, e o seu governo ficou para a História como o primeiro a concretizar o principal desígnio sociais-democrata. As razões que nos permitem afirmar ter sido este governo a implementar o primeiro Estado Social social-democrata têm que ver com a vasta gama de serviços públicos criados e sobretudo com a universalidade do acesso dos cidadãos a esses serviços. Entre 1945 e 1951, os governos

[50] Cf. Sasson, Donald, *op. cit.*, p. 54.

[51] Cf. Wright, Tony, "Social Democracy...", p. 82.

[52] Cf. Sasson, Donald, *op. cit.*, pp. 80 e ss.

trabalhistas de Attlee introduziram sistemas de segurança social completamente universais para protecção na velhice, na doença, no desemprego, na viuvez e na maternidade; criaram um serviço nacional de saúde totalmente universal e gratuito; construíram mais de um milhão de casas e repararam muitas mais, depois distribuídas pelos cidadãos[53]; criaram um sistema de educação inclusivo até ao ensino secundário, aumentando a escolaridade obrigatória para os 16 anos, embora a educação tenha sido o sector onde menos longe se foi nestes anos[54]. Esta azáfama reformista era resultado da "fé no socialismo prático e efectivo"[55], que até aqui nunca havia sido verdadeiramente construído.

Em suma, os serviços sociais passaram a ser acessíveis a todos os cidadãos por igual, independentemente dos seus rendimentos. E isto porque se entendia que estes serviços sociais garantiam novos direitos de cidadania[56] – direitos positivos, como a saúde, a educação, a assistência na doença, na velhice, que se vinham somar, e não contradizer, os direitos negativos tipicamente liberais, como a liberdade, a segurança ou a prooopriedade. Naturalmente, a consagração destes direitos e a actividade do Estado Social no sentido de os implementar na prática contribuía para reduzir as desigualdades económico-sociais[57].

A "velha heresia de Bernstein tinha acabado por ser aceite"[58]: elementos do socialismo eram introduzidos no capitalismo e isso tinha como consequência diminuir o fosso económico-social entre ricos e pobres. Deste modo, em 1951, o Partido Trabalhista podia afirmar ter conseguido realizar a maioria das suas ideias dos tempos pré-Segunda Guerra[59] e, a partir daqui, este modelo passou a ser importado pelos sociais-democratas euro-

[53] Não nos devemos esquecer que Grã-Bretanha saía da guerra com algumas cidades devastadas pelos bombardeamentos alemães, sendo, por isso, a habitação considerada um pilar central do Estado Social da época, já que era necessário realojar vários milhões de pessoas.

[54] Cf. Hess, Jürgen C., "The Social Policy of the Attlee Government", in Mommsen, W. J., in *"The Emergence of the Welfare State in Britain and Germany, 1850-1959,* Londres, German Historical Institute, 1981; cf. Morgan, Kenneth, *Labour in Power, 1945-1951,* Oxford, Oxford University Press, 1984, pp. 152 e ss.

[55] Morgan, Kenneth, *op. cit.*, p. 163.

[56] Cf. *Idem, ibidem,* p. 173.

[57] Cf. Hess, Jürgen C., *op. cit.*, p. 298; cf. Morgan, Kenneth, *op. cit.*, p. 180.

[58] Sasson, Donald, *op. cit.*, p. 212.

[59] Cf. Hess, Jürgen C., *op. cit.*, p. 310.

peus, tendo, nos anos seguintes, crescido sobretudo nos países escandinavos, que se tornaram nos melhores exemplos da social-democracia.

Importa dizer que este tipo de Estado Social social-democrata é também muitas vezes referido como "beveridgeano", em alusão ao nome de William Beveridge, que, em 1942, redigiu um relatório que explicava como erguer estes novos mecanismos e fazer face aos principais problemas sociais, que designava por os "cinco gigantes" e que considerava serem a saúde, a educação, a habitação, a eliminação da pobreza e do desemprego[60]. Neste relatório, que ficou conhecido precisamente como "relatório Beveridge", o autor mostrava como o Estado devia intervir nestas áreas para proteger os cidadãos "do berço ao túmulo"[61]. Foi precisamente neste relatório que os ministros de Attlee se basearam para construir o seu Estado Social, merecendo, por isso, Beveridge – que se considerava um liberal – um lugar de destaque no panteão social-democrata.

Por outro lado, a teoria económica e orçamental que permitiu ao *Labour* erguer a construção deste Estado Social e sobretudo combater o desemprego foi desenhada por John Keynes, outro declarado liberal, mas crítico do capitalismo de *laissez-faire*, sistema que, a par com o socialismo, não considerava capaz de gerar soluções para os problemas das sociedades do século XX. Keynes era defensor de "um arranjo económico onde o Estado assumiria a tarefa de regular os níveis de poupança e de investimento"[62] para fomentar o crescimento económico, indispensável para criar emprego e gerar bem-estar social[63]. O capitalismo, na sua opinião – expressa sobretudo na obra *General Theory of Employment, Interest and Money* (*Teoria Geral do Emprego, do Juro e da Moeda*), de 1936 –, não desapareceria, mas "os principais defeitos do mercado – como o desemprego – seriam corrigidos"[64] por intervenção estatal.

Na verdade, através de uma avaliação empírica da realidade, Keynes constatou, contra a teoria económica clássica, que os agentes, actuando individualmente e apenas de acordo com os seus próprios interesses, não conduziam a situações de equilíbrio entre oferta e procura nos mercados.

[60] Cf. Morgan, Kenneth, *op. cit.*, p. 142.

[61] Cf. *Idem, ibidem*, p. 20.

[62] Benewick, Robert; Green, Philip, *op. cit.*, p. 125.

[63] Cf. Pugh, Martin, *The Making of Modern British Politics, 1867-1939*, Oxford, Blackwell, 1993, pp. 262 e ss.

[64] Benewick, Robert; Green, Philip, *op. cit.*, p. 125.

Esta constatação era particularmente séria ao nível do mercado de trabalho, pois mostrava que o seu funcionamento livre não gerava o pleno emprego esperado. Perante um desemprego elevado, os adeptos da teoria clássica diriam ser necessário reduzir os salários, pois só assim se corrigiria o desequilíbrio do mercado, criando mais postos de trabalho. Contudo, Keynes considerava que este processo seria "socialmente indesejável"[65], havendo outro tipo de custos de produção que poderiam ser cortados, assim como receitas finais que poderiam ser reduzidas, de modo a que a criação de emprego, indispensável à resolução da crise, não implicasse iniquidades[66]. Além disso, Keynes chamava a atenção para o facto de a redução salarial levar à diminuição da procura por parte dos consumidores, o que conduziria a uma redução da oferta, que, por sua vez, geraria mais desemprego. De facto, as empresas apercebiam-se desta necessidade de existência de procura para os seus produtos, criando emprego, não quando os níveis salariais desciam, mas quando tinham *expectativas* de crescer, vendendo o que produziam. Ou seja, em certas conjunturas económicas, os empresários preferem não investir o seu capital na produção, não por causa dos níveis salariais, mas sim porque a sua perspectiva de vendas não lhes garante rentabilidade (nomeadamente, uma rentabilidade superior à concedida pela taxa de juro atribuída à poupança desse montante). Tal raciocínio por parte dos investidores resultará, então, numa natural quebra na produção, que levará a mais descidas salariais, falências empresariais e desemprego, segundo um "ciclo vicioso". Eram, então, estes efeitos que a intervenção estatal na economia devia evitar. Para isso, o Estado deveria adoptar, segundo Keynes, políticas anti-cíclicas, estimulando o investimento, através da concessão de empréstimos e da descida das taxas de juro, e o consumo, através da manutenção dos níveis salariais e através da criação de empregos públicos, tornando-se assim no "gestor da procura". Ora, toda esta estratégia foi assumida desde logo pelos trabalhistas britânicos e posteriormente pelos sociais-democratas de outros países, que, até aos anos 30, não tinham formulado uma via económica autónoma e coerente que permitisse efectivar os valores morais que defendiam. E, deste modo, o keynesianismo tornou-se central no socialismo democrático.

[65] Blomert, Reinhard, *John Maynard Keynes*, Oeiras, Expresso, 2011, p. 79.

[66] *Idem, ibidem*, pp. 87-88.

O facto dos governos de Attlee também terem levado a cabo uma política de nacionalizações de sectores importantes da economia também costuma ser associado a esta criação de uma verdadeira política económica social-democrata. Até ao final da Segunda Guerra, os sociais-democratas nunca haviam pensado profundamente sobre que sectores económicos deveriam ser controlados pelo Estado[67], e, apesar de alguns partidos manterem uma certa retórica colectivista, a verdade é que nenhum deles desejava uma generalização da propriedade pública[68]. O próprio Bernstein declarara ser inexequível e indesejável a expropriação ilimitada, considerando até que, por princípio, os direitos de propriedade deviam "ser invioláveis em qualquer comunidade"[69] – embora abrisse uma excepção para as "empresas com carácter monopolístico e dirigidas no sentido da satisfação das necessidades gerais"[70], situação que, ainda assim, requereria uma compensação justa dos anteriores proprietários. Aliás, a ideia de propriedade pública dos meios de produção poderia até contrariar o objectivo social-democrata, pois se o *fim* desta ideologia era diminuir as desigualdades, o melhor *meio* para o atingir poderia consistir num sector

[67] Cf. McBriar, A. M., *op. cit.*, p. 107; cf. Morgan, Kenneth, *op. cit.*, p. 11; cf. Sasson, Donald, *op. cit.*, p. 214.

[68] O *Labour*, por exemplo, continha, na sua Constituição partidária, a famosa Cláusula IV, escrita por Sidney Webb e aprovada em 1918, defendendo a nacionalização de quase todos os sectores de actividade económica, prevendo que o partido lutasse por "assegurar para os produtores (...) todos os frutos da sua indústria, e a distribuição mais equitativa que daí possa ser possível, na base da Propriedade Comum dos Meios de Produção e do melhor sistema obtido pelo controlo e administração popular de cada indústria ou serviço" (Cf. McKibbin, Ross, *The Evolution of the Labour Party, 1910-1924*, Claredon Press, Oxford, 1974, pág. 96). No entanto, este preceito mais não era do que um "adorno incaracterístico" (*Idem, ibidem*, pág. 91) na Constituição trabalhista, dado que todo o resto do documento apontava para um socialismo moderado e evolucionista. A aprovação da Cláusula já havia, aliás, sido feita debaixo de grande discussão interna, com grande parte do partido a opor-se-lhe e com a sua aprovação a ser apenas assegurada em troca da garantia de que, apesar do conteúdo desta disposição, o partido não pugnaria por uma economia planeada centralizada (Cf. *Idem, ibidem*, pp. 98 e 99). A Cláusula IV foi, no fundo, mais simbólica do que de substância – na medida em visava sobretudo marcar a distinção entre trabalhistas e liberais no panorama político britânico –, nunca tendo sido levada muito a sério em termos práticos. Mesmo que sem uma retórica tão apurada, situação idêntica ocorria no seio dos partidos sociais-democratas europeus, que nunca procuraram instituir uma colectivização generalizada da economia.

[69] Bernstein, Eduard, *op. cit.*, p. 140.

[70] *Idem, ibidem*, p. 141.

privado forte, extensivo e a funcionar de forma eficiente, pois poderia ser esta a forma de melhor financiar o Estado Social e redistribuir a riqueza.

Porém, a própria guerra havia implicado que uma série de sectores privados de actividade económica, como as minas ou os caminhos-de-ferro, fossem geridos pelo Estado de acordo com as necessidades da guerra[71]. Além disso, em 1945, era impossível ao sector privado garantir crescimento económico por falta de financiamento, o que ia ao encontro das ideias keynesianas. Deste modo, estava aberto o caminho para que os governos trabalhistas britânicos, entre 45 e 51, procedessem à nacionalização de alguns sectores-chave, como a electricidade, o gás, a indústria mineira, os caminhos-de-ferro. Eram nacionalizações com justificações económicas práticas e concretas, e não entendidas como objectivos finais – exemplo disso foi o caso do Banco de Inglaterra, nacionalizado para controlar o emprego e não para pôr em causa a Banca e o sistema financeiro[72]. Efectivamente, no imediato pós-Guerra, era consensual que as nacionalizações eram indispensáveis[73], não tanto para reformar a economia privada, mas apenas para a pôr novamente a funcionar de modo eficiente e lucrativo, sendo que só o Estado podia assumir o papel de impulsionador neste campo[74]. E mais uma vez, este modelo seria adoptado pelos socialistas de outros países, uma vez que se constituía como um bom meio para atingir maior crescimento económico e, assim, maior bem-estar e maior igualdade económico-social.

## III. Do Novo Revisionismo à "Nova Esquerda"

É habitual considerar-se que a social-democracia sofreu, ao longo dos anos 50, aquilo que se considerou ser um novo processo revisionista. Este processo foi, mais uma vez, visível na Grã-Bretanha e na Alemanha, sendo que, tal como no passado, não encontramos, em outros países, um idêntico movimento intelectual[75]. No entanto, estes "revisionistas", mais do que

[71] Cf. Morgan, Kenneth, *op. cit.*, pp. 4 e 20.

[72] Cf. *Idem*, *ibidem*, pp. 95 e ss.

[73] De tal forma assim foi, que nenhuma das nacionalizações levadas a cabo teve, na altura, oposição do Partido Conservador, à excepção da indústria do ferro e do aço, a única a ser reprivatizada quando os *tories* voltaram ao poder. A própria *City* de Londres o reconhecia, não tendo encetado também qualquer oposição às medidas governativas.

[74] Cf. Morgan, Kenneth, *op. cit.*, pp. 89-90; cf. Pugh, Martin, *op. cit.*, p. 291; cf. Sasson, Donald, *op. cit.*, p. 215.

[75] Cf. Sasson, Donald, *op. cit.*, p. 331.

criticar as bases sociais-democratas, vieram, na verdade, reafirmar o socialismo democrático tradicional, apontando mais uma vez baterias contra o marxismo, uma vez que havia quem, nos partidos sociais-democratas, quisesse fazer renascer a ideia de necessidade da propriedade pública dos meios de produção[76]. Ora, para estes revisionistas, tal como para Bernstein, as nacionalizações tinham que ser justificadas por razões práticas: por abolirem um monopólio privado, por protegerem o emprego, por garantirem serviços essenciais, e não por serem "a principal via para o socialismo"[77]. Na senda de Bernstein, Anthony Crosland, membro do Partido Trabalhista e o mais importante revisionista de meados do século XX, também afirmava, na sua obra mais famosa *The Future of Socialism* (*O Futuro do Socialismo*), de 1956, que as nacionalizações não eram em si mesmas um *fim* da social-democracia[78], podendo a redistribuição social-democrata "coexistir com uma economia mista e com uma grande escala de propriedade privada dos meios de produção"[79]. Quer isto dizer que o alvo deste revisionismo continuava a não ser o capitalismo em si, mas o capitalismo de *laissez-faire*, o capitalismo desregulado, que não assegurava uma taxação que permitisse um efeito igualizador.

Na verdade, para estes sociais-democratas – tal como para os anteriores, ainda que de forma não tão assumida – "o crescimento económico era uma condição essencial para uma sociedade mais igualitária"[80], pois garantia a existência dos dividendos fiscais usados pelo Estado na "despesa pública para melhorar a posição relativa dos mais desfavorecidos mantendo a posição absoluta dos mais favorecidos"[81]. O *fim* do socialismo democrático continuava a ser o de lutar por uma sociedade com menos desigualdades económicas e sociais[82], razão pela qual os princípios do "socialismo-Providência"[83] (Estado Social) e do "socialismo fiscal"[84] (redistribuição

[76] Cf. Plant, Raymond, "Crosland, Equality and New Labour", in Leonard, Dick (ed.), *Crosland and New Labour*, Houndmills, Macmillan/Fabian Society, 1999, p. 20.

[77] Sasson, Donald, *op. cit.*, p. 332.

[78] Cf. Crosland, Anthony, *The Future of Socialism*, Londres, Jonathan Cape Ltd, 1956.

[79] Plant, Raymond, "Crosland, Equality...", p. 20.

[80] Benewick, Robert; Green, Philip, *op. cit.*, p. 48.

[81] *Idem, ibidem*, p. 48.

[82] Cf. Plant, Raymond, "Crosland, Equality...", p. 19.

[83] Sasson, Donald, *op. cit.*, p. 191.

[84] Wright, Tony, "New Labour, Old Crosland", in Leonard, Dick (ed.), *Crosland and New Labour*, Houndmills, Macmillan/Fabian Society, 1999, p. 199.

da riqueza) não foram contestados. Crosland é muito claro a afirmar, por exemplo, que a "igualdade de oportunidades não é suficiente"[85], uma vez que a introdução desta forma de igualização num contexto de desigualdades preexistentes iria recompensar aqueles que possuíam, à partida, talentos naturais ou famílias abastadas[86]. O objectivo social-democrata continuava a ser aquilo que ele designava por "igualdade democrática"[87], ou seja, a redução do fosso entre os mais ricos e os mais pobres[88], nomeadamente, reforçava ele, por meios fiscais, através de impostos sobre capital e propriedade, e por via de um maior investimento na educação[89].

A Declaração de Bad Godesberg do SPD, aprovada em 1959, ia exactamente no mesmo sentido do revisionismo trabalhista britânico. Neste documento, o SPD aprovava finalmente um programa que se libertava completamente da linguagem marxista, deixando de representar o socialismo como um "estado final" e passando a exigir "apenas" uma mais justa distribuição da riqueza nacional[90]. Neste programa, os sociais-democratas alemães abandonavam também a ideia das nacionalizações como um objectivo do socialismo em si mesmo, dizendo pretender "tanta concorrência quanto possível e tanto planeamento quanto necessário", e declaravam que o partido já não desejava representar uma só classe – a classe trabalhadora –, mas passar a ser um "partido do povo". É certo que todas estas concepções teóricas já norteavam a prática partidária, mas ainda não haviam sido assumidas de forma tão taxativa.

Por tudo isto, percebemos que o revisionismo dos anos 50 mantinha mais do que revia, não rasgava novos horizontes, indo antes ao encontro das origens sociais-democratas. É verdade que os desenvolvimentos políticos nos partidos sociais-democratas nas décadas de 60 e 70 tendem a levar-nos a pensar nestes autores revisionistas como sendo pertencentes a uma "ala direita" destes partidos. Contudo, não é incorrecto afirmar que era a "ala esquerda" que, nesses anos, se afastava do socialismo democrá-

[85] Crosland, Anthony, *The Future.....*, p. 186.

[86] Cf. Plant, Raymond, "Será que Existe...", p. 54; cf. Plant, Raymond, "Crosland, Equality...", p. 25.

[87] Crosland, Anthony, "Socialism Now", in *Socialism Now and Other Essays*, Londres, Jonathan Cape Ltd., 1974, p. 15.

[88] Cf. Crosland, Anthony, *The Future...*, 1956.

[89] Cf. Morgan, Kenneth, *op. cit.*, p. 489.

[90] Cf. Sasson, Donald, *op. cit.*, p. 342.

tico tradicional e enveredava por um caminho mais próximo de um certo neo-marxismo[91], muito influenciada pelos movimentos sociais libertários e de esquerda radical que então surgiam. Esta "nova esquerda", que se constituía no seio dos partidos socialistas, mostrava o seu corte com a social-democracia tradicional precisamente por dar novo e forte alento à necessidade de extensão do colectivismo e por reforçar as ligações partidárias com os sindicatos, adoptando um discurso muito mais classista[92].

## IV. A Terceira Via

Nos anos 80, a maioria dos partidos social-democratas viu-se novamente na oposição em grande parte dos países europeus. A confusão ideológica que vinha das décadas anteriores parecia ter consequências na conquista dos votos dos cidadãos – e mesmo os partidos socialistas que ocuparam o poder nesta altura oscilavam entre um discurso demasiado radical e colectivista e um outro demasiado pragmático e desideologizado. Porém, a partir de final dos anos 80, mas sobretudo durante a década de 90, iniciou-se um novo processo revisionista da ideologia social-democrata, que se reflectiu na emergência da chamada Terceira Via. Este neo-revisionismo foi, então, fortemente motivado por razões eleitorais: a maioria dos partidos de centro-esquerda, afastada do poder por tantos anos, considerou que só refundando as suas ideia poderia voltar a conquistar a preferência dos eleitores e, deste modo, regressar ao poder.

Em todos os países onde se levou a cabo este processo de revisão das ideias sociais-democratas, ele foi acompanhado por mudanças simbólicas que pretendiam traduzir as transformações teóricas de forma mais clara para a opinião pública. Assim, alteraram-se logótipos partidários, suavizaram-se as cores que tradicionalmente marcavam a propaganda eleitoral, mudaram-se slogans históricos[93]. O exemplo mais demonstrativo destas alterações emblemáticas, que reforçavam a ideia de corte destes partidos com o seu passado, foi, sem dúvida, a alteração, ainda que não oficial, do nome do Partido Trabalhista britânico depois da ascensão de Tony Blair

[91] Cf. Morgan, Kenneth, *op. cit.*, p. 502.

[92] No caso britânico, a *New Left* – "facção" interna que "dominou" o Partido Trabalhista durante vários anos – passou inegavelmente esta imagem. Mas o mesmo aconteceu em muitos outros países, onde esta tendência sobressaiu.

[93] Cf. Sasson, Donald, *op. cit.*, p. 386.

à liderança partidária, em 1994: o *Labour* passou a designar-se por *New Labour*[94].

É discutível que esta refundação ideológica tenha tido início no Partido Trabalhista britânico, dado que vários partidos de centro-esquerda do Norte da Europa registaram idêntica evolução mais ou menos simultaneamente. Contudo, o *New Labour* "foi o único partido que tentou teorizar sobre a natureza ideológica da sua transformação, e tentou exportar o seu 'projecto' para o resto da Europa"[95]. É, por isso, possível afirmar que o modelo britânico funcionou, de facto, como influência para os seus congéneres europeus: Alemanha, Holanda, Finlândia, Itália, por exemplo, foram países cujos partidos sociais-democratas se inspiraram no revisionismo trabalhista. Mesmo os partidos de centro-esquerda sueco ou norueguês, embora oferecendo muito maior resistência, foram em alguma medida influenciados pela experiência trabalhista britânica[96]. Aliás, a força deste neo-revisionismo trabalhista ultrapassou mesmo o continente europeu chegando até à Austrália e à Nova Zelândia[97]. Isto significa, desde logo, que é impossível tentar perceber este movimento de refundação ideológica sem focar preferencialmente as mudanças induzidas pelo *New Labour*, quer nos valores do socialismo democrático, quer nas políticas públicas que os traduzem.

É certo que, no final do século XX, a social-democracia tinha que se adaptar aos desafios que eram agora colocados pela globalização da economia, algo que não havia preocupado os sociais-democratas do passado, que pensaram sempre os problemas numa lógica nacional[98]. Pode até considerar-se ser à época indispensável pôr fim à confusão teórica que muitos

[94] Cf. Goes, Eunice, *A Era Blair em Exame*, Lisboa, Quimera, 2003, p. 25.

[95] *Idem, ibidem*, p. 32.

[96] Cf. White, Stuart, "Introduction: New Labour and the Future of Progressive Politics", in White, Stuart (ed.), *New Labour: The Progressive Future?*, Houndmills, Palgrave, 2001, pp. x e ss; cf. Giddens, Anthony, *Para uma Terceira Via*, Lisboa, Editorial Presença, 1999, pp. 25 e ss.

[97] O Partido Socialista português não terá sido imune a esta influência, mas o seu âmbito e a dimensão ainda não foram estudados com profundidade, razão pela qual o caso português não é aqui enunciado (este é, aliás, o tema da tese de doutoramento da autora deste capítulo, um trabalho que está ainda em curso e cujas conclusões finais ainda não foram retiradas).

[98] Cf. Wright, Tony, "New Labour,...", p. 193; cf. Plant, Raymond, "Será que Existe...", p. 22; cf. Giddens, Anthony, *Para uma Terceira...*; cf. Giddens, Anthony, *Para além da Esquerda e da Direita*, Oeiras, Celta, 1997; cf. Sasson, Donald, *Cem Anos de Socialismo – volume II*, Lisboa, Círculo de Leitores, 2001, p. 444.

partidos viviam por terem radicalizado o seu discurso e as suas propostas. Porém, isso não implicava necessariamente abandonar as políticas que haviam marcado a História do socialismo democrático tradicional. A Terceira Via poderia não ter constituído um profundo abalo dos alicerces da social-democracia, seguindo antes a tradição social-democrata de reafirmar os seus valores e objectivos centrais, mesmo que reformulando alguns métodos que permitissem atingi-los.

No entanto, a verdade é que a Terceira Via foi concebida, desde Anthony Giddens, que cunhou a expressão e primeiro teorizou sobre ela, como uma forma de "superar tanto a social-democracia clássica como o neo-liberalismo"[99], corrente que tinha ganho terreno nos partidos de centro-direita. Os teóricos da Terceira Via quiseram, de facto, inventar algo novo e não reapropriar-se de uma longa tradição filosófica[100], quiseram criar uma nova ideologia política, que não se confundisse com a "social-democracia 'estatista' fora de moda"[101], nem com "o neo-liberalismo de mercado livre"[102]. Este neo-revisionismo mostrou, desde a sua génese, que não se limitaria a criticar o marxismo e a reafirmar a social-democracia, antes pretendia rever os seus *meios* e os seus *fins*.

A Terceira Via foi, em grande medida, uma reacção ao sucesso do neo-liberalismo – sendo mesmo possível afirmar que, no caso pioneiro britânico, "a herança thatcherista foi um dos maiores factores que contribuíram para a transformação do Partido Trabalhista"[103], ou, de forma mais simplista, que não teria havido Tony Blair sem que antes tivesse havido Margaret Thatcher. Efectivamente, perante um neo-liberalismo ideológica e eleitoralmente forte, os ideólogos da Terceira Via consideraram que a social-democracia clássica estava desactualizada, esgotada, incapaz de lhe fazer frente, e tomaram mesmo como verdadeiras muitas das críticas que os neo-liberais lhe faziam. Desde logo, os políticos e partidos de centro-esquerda que adoptaram a Terceira Via – como Blair, com o *New Labour*, na Grã-Bretanha, ou Schröeder, com o seu *Neue Mitte* (Novo Centro), no SPD alemão, ou a Coligação Púrpura, na Holanda, por exemplo – aceitaram a

[99] Giddens, Anthony, *Para uma Terceira...*, p. 32.

[100] Cf. White, Stuart; Giaimo, Susan, "Conclusion: New Labour and the Uncertain Future of Progressive Politics", in White, Stuart (ed.), *op. cit.*, p. 219.

[101] White, Stuart, "The Ambiguities of The Third Way", in White, Stuart (ed.), *op. cit.*, p. 3.

[102] *Idem, ibidem*, p. 3.

[103] Goes, Eunice, *op. cit.*, p. 33.

crítica à regulação pública dos mercados (nomeadamente, dos mercados financeiros) e admitiram um funcionamento muito mais desregulado, contrariando, assim, a ideia de necessidade de algum tipo de intervencionismo estatal na economia, de modo a diminuir as falhas do capitalismo. A Terceira Via deixou de querer "temperar" o sistema capitalista, na crença de que um modelo próximo do *laissez-faire* traria mais benefícios à sociedade.

Outra das críticas neo-liberais ao pensamento social-democrata que a Terceira Via tomou como sua foi a de que uma visão da cidadania associada a serviços sociais estatais gerava "uma falta de disciplina, uma dependência e uma falta de empenho"[104] nas escolas e nos empregos e também uma cultura de dependência relativamente às prestações sociais. Isto significou passar a olhar para os direitos sociais, os direitos positivos assegurados por serviços públicos, de uma forma totalmente diferente daquela que caracterizava o socialismo democrático clássico. Efectivamente, os direitos sociais, que permitiam a redução das desigualdades económico-sociais e que compreendiam o cerne da ideologia social-democrata, deixam de ser entendidos por esta "nova social-democracia" como direitos incondicionais de cidadania para passarem a ser vistos como algo que advém do cumprimento de obrigações para com a sociedade[105]. Deixa de haver "direitos sem obrigações"[106] e, mais concretamente, entende-se agora que os indivíduos têm sobretudo o dever social de trabalhar, pois só assim provam merecer usufruir do produto produzido pelo todo social. Participar no mercado laboral passa a ser obrigação cujo cumprimento condiciona o acesso a muitos serviços e prestações públicas, ou seja, é a participação (ou não) neste mercado laboral que permite aos indivíduos terem acesso (ou não) a determinados benefícios sociais, anteriormente considerados direitos universais, mas agora restritos e condicionados.

Para a social-democracia tradicional, os direitos sociais dos indivíduos eram universais, porque assentavam na ideia de "igual valor" de todos os seres humanos. A universalidade do Estado Social permitia que se realizasse uma solidariedade mútua entre todos os cidadãos, sem restrições,

[104] Plant, Raymond, "Será que Existe...", p. 60.

[105] Cf. *Idem, ibidem*, p. 47; cf. Glyn, Andrew; Wood, Stewart, "Economic Policy under New Labour: How Social Democratic is the Blair Government", in *Political Quarterly*, 2001, January, vol. 72, issue 1, p. 54; cf. Dwyer, Peter, "The Conditional Welfare State", in Powell, Martin (ed.), *Modernising the Welfare State – The Blair Legacy*, Bristol, The Policy Press, 2008, p. 199.

[106] Giddens, Anthony, *Para uma Terceira...*, p. 63.

o que contribuía para a redução das desigualdades. A Terceira Via já não sustenta esta ideia de igual valor[107], já não entende que haja "um pacote de bens que são devidos a um cidadão, como direito deste"[108], independentemente de se encontrar inserido no mercado de trabalho ou não, pelo que já não faz da redução das desigualdades sócio-económicas o seu objectivo central. Pelo contrário, considera-se agora necessário "pôr fim à 'cultura da dependência'"[109] e promover "a dupla 'direitos e deveres'"[110], razão pela qual a Terceira Via passa a entender que "o Estado-Providência tem de ser reformado em torno de uma ética de trabalho"[111], sendo a despesa pública afectada preferencialmente a programas de educação e formação que se supõe permitirem a mais fácil e célere entrada no mercado laboral – o mercado que permitiria o ingresso no campo dos direitos sociais.

No fundo, o Estado Social devia afastar-se da redistribuição de riqueza e focar-se na "redistribuição de oportunidades"[112], isto é, focar-se sobretudo na garantia de uma igualdade de oportunidades, entendida como igualdade de condições de partida, que passou a ser vista quase como um direito social único – posto que é pelo o aproveitamento dessas oportunidades que os indivíduos podem gozar plenamente dos benefícios públicos. Em suma, os anteriores direitos sociais universais são agora equiparáveis a uma recompensa pela função desempenhada no mercado de trabalho e, neste contexto, o Estado tem que se focar em garantir a aquisição de competências que permitam o acesso a este mercado[113].

A este sistema usou chamar-se *welfare-to-work* (Estado Social/sistema de bem-estar dirigido para o trabalho/para quem trabalha) e foi ele que marcou a política dos governantes da Terceira Via, que canalizaram, de facto, recursos para a educação, para a formação e fizeram depender o pagamento de prestações sociais da participação no mercado de trabalho. O primeiro governo de Tony Blair lançou uma série de programas conhecidos por *New Deal* (Novo Acordo) que constituíram bons exemplos de como se associou a garantia de oportunidades pelo Estado com a obriga-

[107] Cf. White, Stuart, "The Ambiguities...", p. 12.
[108] Plant, Raymond, "Será que Existe...", p. 64.
[109] Goes, Eunice, *op. cit.*, p. 206.
[110] *Idem, ibidem*, p. 206.
[111] Plant, Raymond, "Será que Existe...", p. 62.
[112] Giddens, Anthony, *Para uma Terceira...*, p. 92.
[113] Cf. White, Stuart, "The Ambiguities...", p. 10.

toriedade de trabalhar para poder usufruir de prestações sociais. O alvo de um destes programas eram os jovens entre os 18 e os 24 anos, desempregados há mais de seis meses, a quem se procurava dar formação que os integrasse novamente no mercado laboral; caso essa formação, por si só, não fosse suficiente, o Estado assegurava um subsídio à empresa que lhe garantisse um posto de trabalho; ainda assim, se a formação e o incentivo à contratação não fossem suficientes e os jovens continuassem em situação de desemprego, o programa obrigava-os a desempenhar trabalho "voluntário" numa qualquer organização, de modo a poderem continuar a receber subsídio de desemprego[114]. Esta ideia de *make work pay* (fazer o trabalho pagar) subjazia também a programas como o *Working Families Tax Credit* (Crédito Fiscal para as Famílias Trabalhadoras), igualmente lançado pelo primeiro governo de Blair e também ele posteriormente copiado por outros países. Este programa visava garantir a todas as famílias *trabalhadoras* um rendimento mínimo semanal, constituindo-se, então, como um "subsídio de emprego" concedido a todos os que trabalhassem[115].

Em contrapartida, prestações sociais como o subsídio de desemprego, as pensões por velhice ou por doença, ou o equivalente a um rendimento mínimo garantido, por exemplo, sofreram cortes nos valores e nos tempos de duração, quando estes sociais-democratas ocuparam o poder, precisamente porque já não eram vistas como garantias universais de todos os cidadãos, válidas em todas as situações, independentemente de responsabilidades pessoais. A justificação apresentada para estes cortes assentava num discurso moral sobre deveres de cada um para com a sociedade: devem garantir-se prestações mínimas, por períodos mínimos, a quem se veja arredado do mercado de trabalho, mas estas devem limitar-se a ser mínimas, porque se entende que são uma ajuda, e não um direito, prestada a indivíduos que se supõe terem que regressar rapidamente ao trabalho. Vigorava, entre os teóricos da Terceira Via, a ideia de que só a redução deste tipo de benefícios poderia incentivar os seus beneficiários a aceitar rapidamente um emprego, elaboração que tem implícita a noção de que quem se encontra a receber este tipo de prestações sociais está nesta situação por vontade própria e por preferir viver da assistência pública – algo que os sociais-democratas tradicionais recusariam, por considerarem que

[114] Cf. Glyn, Andrew e Wood, Stewart, *op. cit.*, p. 53.
[115] Cf. *Idem, ibidem*, pp. 53-54.

as situações de desemprego (e similares) são involuntárias, sendo que quem se encontra inactivo seguramente trabalharia, se encontrasse empregos disponíveis[116].

No mesmo sentido, se é certo que estes neo-revisionistas mostram preocupação com os grupos mais desfavorecidos da sociedade – como os idosos, as famílias monoparentais, as crianças –, dedicando-lhes programas públicos específicos que procuravam sobretudo retirá-los da pobreza, a verdade é que esta preocupação se assemelha muito mais com a dos liberais e conservadores do início do século XX do que com a preocupação igualitária própria da social-democracia tradicional. Um programa como o *Child Care Tax Credit* (Crédito Fiscal para os Cuidados com as Crianças), também lançado pelo primeiro governo de Tony Blair e também importado por outros governos da esquerda europeia, introduzia um subsídio estatal para os filhos dos membros das classes médias e baixas, não pretendendo ser universal e irrestrito[117]. Com este tipo de políticas, os governos da linha Terceira Via procuraram, muitas vezes, melhorar a posição *absoluta* destes grupos, que ocupam a base da pirâmide social, mas não era seu objectivo melhorar, concomitantemente, a sua posição *relativa*. Blair, Schröder, e outros primeiros-ministros neo-revisionistas queriam combater a exclusão social, não a desigualdade social. Daí que as reformas que levaram a cabo, enquanto estiveram no governo, tenham continuado a afastar o Estado Social do modelo social-democrata, que procurava a redução do fosso económico-social, e o tenham aproximado de modelos que se limitam a garantir condições mínimas de subsistência, ou de modelos vocacionados para acudir apenas a determinados grupos de cidadãos, de acordo com preocupações caritativas.

Efectivamente, a Terceira Via demonstrou, na prática, uma "relutância em defender medidas redistributivas para combater desigualdades sócio-económicas"[118]. Um outro nível em que isso foi particularmente visível foi o da fiscalidade: os governantes neo-revisionistas mostraram como a igualdade social já não era, de facto, um fim político a perseguir, uma vez que, durante os seus mandatos legislativos, uma minoria de cidadãos pôde acumular riqueza de uma forma anteriormente inimaginável, sem que o

[116] Cf. *Idem, ibidem*, p. 52.

[117] Cf. White, Stuart; Giaimo, Susan, *op. cit.*, p. 214.

[118] Goes, Eunice, *op. cit.*, p. 210.

Estado os procurasse taxar como teria que fazer se procurasse manter determinados níveis de coesão social, tal como defendera a social-democracia do passado[119]. Até um dos mais emblemáticos objectivos eleitorais do Partido Trabalhista, em 1992, que tinha que ver com o aumento do escalão máximo do imposto sobre o rendimento de 40% para 50%, foi rapidamente abandonado pelo *New Labour*, que se comprometeu a manter a taxa máxima herdada dos conservadores[120], convencido "de que os impostos são algo de nocivo e malévolo"[121]. Contudo, se se quisesse seguir o princípio igualitário social-democrata, não se poderia "deixar a estrutura de remunerações intocada"[122], como Bernstein ou Crosland tanto reforçaram.

Por outro lado, o facto de os neo-revisionistas encararem os direitos sociais como condicionais e procurarem estabelecer um novo tipo de Estado Social – que designam geralmente por "Estado Social moderno" – leva-os a defender a ideia de que as associações cívicas e mutualistas devem assumir as funções até aqui entregues ao Estado, procurando elas próprias gerar os resultados sociais que desejarem[123]. Esta ênfase na necessidade de serviços sociais organizados pela comunidade encaixa, de forma perfeita, na noção de responsabilidade cívica que a Terceira Via procura promover, salientando que os indivíduos têm deveres para com a sua comunidade – como o dever de trabalhar, já referido, mas também o de educar os seus filhos, ou cuidar do meio ambiente, ou desenvolver solidariedades locais[124]. Neste sentido, entende-se que os governos devem "agir em parceria com as organizações próprias da sociedade civil"[125], segundo este sistema de "nova economia mista"[126], de modo a "modernizar" a prestação de segurança social. Claro que só é possível à Terceira Via defender esta flexibilidade ao nível dos prestadores de serviços e das consequências da sua prestação, porque já não entende que haja um resultado (igualitário) desejável a ser atingido.

[119] Cf. Glyn, Andrew; Wood, Stewart, *op. cit.*, p. 64.
[120] Cf. White, Stuart; Giaimo, Susan, *op. cit.*, p. 215.
[121] Goes, Eunice, *op. cit.*, p. 213.
[122] Plant, Raymond, "Crosland, Equality...", p. 27.
[123] White, Stuart, "The Ambiguities...", p. 8.
[124] Cf. *Idem, ibidem*, pp. 5 e ss.
[125] Giddens, Anthony, *Para uma Terceira...*, p. 67.
[126] *Idem, ibidem*, p. 67.

A Terceira Via já não fala, de facto, de igualdade, mas de justiça social, de combate à exclusão, de igualdade de oportunidades[127] – são estes os novos *fins* políticos desta nova social-democracia. A mudança não é apenas retórica, ou seja, não estamos simplesmente perante novas formas de transmitir uma mesma ideia, estamos, sim, confrontados com uma mudança política de fundo: a Terceira Via elege como centrais novos conceitos políticos que traduzem novos objectivos políticos. Ao condicionar o acesso aos direitos sociais, a Terceira Via está inegavelmente a assumir que o seu olhar sobre a igualdade é, também ele, diferente daquele que marcou a social-democracia tradicional. Efectivamente, perdem-se as anteriores noções de "igual dignidade" ou de "igualdade democrática", de Bernstein ou Crosland, que se baseavam numa cidadania maximalista e igualitária, na medida em que um dos seus pilares era a noção de direitos sociais universais e incondicionais, de direitos sociais enquanto direitos de cidadania abertos a todos "e não apenas àqueles que trabalham ou reservados aos mais pobres"[128]. Com a Terceira Via, a cidadania passa a ser encarada como "uma realização"[129] contínua, e já não como "um estatuto"[130], uma realização possível "através da participação no mercado de trabalho"[131]. A procura de maior igualdade sócio-económica, em liberdade e democracia, deixa, de facto, de ser o propósito dos partidos que viveram este processo revisionista, pois, se a possibilidade de formação (ou não) de uma sociedade mais igualitária é agora deixada ao mercado laboral, isso significa que esta deixa de ser um fim público a perseguir. O Estado deve simplesmente garantir aos cidadãos uma igual dotação de "activos" válidos no mercado, mas, depois disso, deve deixar o mercado funcionar livremente[132]. Funcionando livremente, o mercado laboral determina que indivíduos terão acesso àquilo que era anteriormente considerado pela social-democracia como um direito de todos os cidadãos e, ao mesmo tempo, permite ou não a redução das desigualdades económico-sociais. A Terceira Via contraria,

[127] Cf. Glyn, Andrew; Wood, Stewart, *op. cit.*, p. 57; cf. Wright, Tony, "New Labour...", pp. 198-199; cf. Goes, Eunice, *op. cit.*, p. 27.

[128] Hatzfeld, Hélène ; Mischi, Julian ; Rey, Henri (eds.), *Diccionaire de la Gauche*, Paris, Larousse, 2007, p. 178.

[129] Plant, Raymond, "Será que Existe...", p. 64.

[130] *Idem, ibidem*, p. 64.

[131] *Idem, ibidem*, p. 64.

[132] Cf. White, Stuart; Giaimo, Susan, *op. cit.*, p. 216.

assim, a social-democracia tradicional – que defendia que a prossecução destes objectivos era "da competência directa do governo e não algo que se deixe ao mercado"[133].

É certo que os neo-revisionistas não vão tão longe quanto os neo-liberais na defesa da redução dos serviços públicos, dado que ainda encontram justificação para algumas prestações sociais na ideia de "justiça social"[134], o que vai contra os preceitos do neo-liberalismo, que se limita a defender a existência de uma *safety net* (rede de segurança), que apenas garanta que ninguém vive abaixo de um determinado nível de pobreza. Porém, já não há aqui equiparação semântica entre as expressões "justiça social" e "igualdade social", como encontrávamos na retórica e na prática da social-democracia tradicional. Quando Bernstein ou Crosland utilizavam a expressão "justiça social" queriam, com ela, fazer referência à sua ideia de "igualdade social", isto é, igualdade ao nível dos direitos civis e políticos, mas também ao nível dos direitos sociais, fortemente redutores de desigualdades[135]. Este princípio igualitário ia, pois, bastante mais longe do que aquilo a que os sociais-democratas hoje se referem quando utilizam a mesma expressão, que está já desprovida de parte substantiva do seu conteúdo anterior. A "justiça social" da Terceira Via reduz objectivamente os níveis de segurança que o Estado Social social-democrata garantia e diminui o número de indivíduos que a eles podem aceder, logo, aumenta claramente os riscos de um cidadão se ver fora da nova cadeia de protecção de direitos sociais[136].

Há, porém, um direito social clássico que os neo-revisionistas não parecem ter tornado efectivamente condicional: o direito à saúde. Os governos de Terceira Via, apesar de proclamarem a idêntica necessidade de os indivíduos cumprirem o dever de levar uma vida saudável para ter acesso a este direito à saúde[137], não chegaram a implementar uma verdadeira condicionalidade neste campo, mantendo-se os serviços nacionais de saúde universais e gratuitos, financiados por impostos. O caso do *National Helth Service* (Serviço Nacional de Saúde) britânico é, mais uma vez, paradigmá-

[133] Plant, Raymond, "Será que Existe...", p. 64.

[134] Cf. Giddens, Anthony, *Para uma Terceira...*, p. 63; cf. PLANT, Raymond, "Crosland, Equality...", p. 30.

[135] Cf. Plant, Raymond, "Crosland, Equality...", p. 19.

[136] Cf. Giddens, Anthony, *Para uma Terceira...*, p. 92.

[137] Cf. Paton, Calum, "The NHS after 10 years of New Labour", in Powell, Martin (ed.), *Modernising the Welfare State – The Blair Legacy*, Bristol, The Policy Press, 2008, p. 24.

tico e, sendo uma "bandeira" da "velha social-democracia", permitiu aos "novos sociais-democratas" afirmarem não ter cortado com os princípios do passado. Os governos de Terceira Via desenvolveram até, no seu início, um discurso que reflectia uma preocupação com a melhoria do acesso dos cidadãos à saúde, prometendo diminuir listas de espera para consultas e cirurgia ou aumentar os cuidados médicos primários para todos os cidadãos. Contudo, a verdade é que este discurso da melhoria do acesso foi rapidamente associado à ideia de que só o sector privado e os mecanismos de mercado garantiriam a melhoria na prestação destes serviços. Um caso demonstrativo disto mesmo foi o da generalização das Parcerias Público-Privadas (PPP) – acordos entre o Estado e investidores privados que permitiam que fossem estes últimos a financiar os investimentos da construção de novos equipamentos de saúde, mas que também possibilitavam que a gestão destes equipamentos, até aqui nas mãos do Estado, fosse agora feita por esses investidores privados[138]. Poder-se-ia objectar que, apesar de revelar maior confiança no mercado, não haveria problema algum na disseminação deste mecanismo, caso "as PPP oferecessem maior eficácia, custos reduzidos e serviços de maior qualidade"[139]. Todavia, a verdade é que as PPP não só não vieram garantir maior eficiência económica[140] – sendo grande parte dos riscos do sector privado transferida para o Estado, o que significou, em muitos casos, um aumento dos custos relativamente à construção e gestão públicas –, como também não vieram garantir mais e melhores serviços de saúde[141].

Em suma, este neo-revisionismo social-democrata não veio apenas propor novos *meios* para os *fins* da social-democracia tradicional, veio mesmo alterar os seus *fins* últimos. As novas visões sobre o Estado Social, os impostos e a redistribuição da riqueza mostram que a preocupação da Terceira Via se centra no aumento da igualdade de oportunidades e no melhoramento da posição absoluta dos grupos mais desfavorecidos, procurando que a sua condição, num determinado momento, seja um pouco melhor do que era num momento anterior – mesmo que essa melhoria absoluta

[138] Este sistema das PPP foi, aliás, estendido a vários tipos de serviços, como transportes públicos, escolas, ou até, como aconteceu na Grã-Bretanha, delegações regionais de segurança social ou prisões.

[139] Goes, Eunice, *op. cit.*, p. 81.

[140] Cf. Paton, Calum, *op. cit.*, p. 31.

[141] Cf. Goes, Eunice, *op. cit.*, pp. 81 e ss.

tenha implicado um aumento da diferença global que separa estes grupos da base dos grupos do topo social. Esta visão não representa "uma versão modernizada ou revisionista da social-democracia"[142], representa sim "ruptura"[143] com a ética social-democrata. A Terceira Via é, seguramente, uma "ideologia híbrida"[144], no sentido em que congrega valores e conceitos de várias ideologias diferentes, e é até possível concluir que a Terceira Via se assemelha a um "neo-liberalismo mais maleável"[145], a um "thatcherismo de esquerda"[146], e não a "uma forma actualizada de social-democracia"[147].

Seria interessante perguntar se o socialismo democrático mantém hoje esta linha mais próxima da Terceira Via, ou se procura reaproximar-se da sua matriz tradicional, através de um novo processo revisionista que reabilite os seus objectivos clássicos. No entanto, parece impossível responder a esta questão no momento actual. A verdade é que a social-democracia parece viver num impasse, não assumindo claramente nenhuma das linhas ideológicas possíveis. Nas palavras de Tony Judt, "os sociais-democratas de hoje pedem desculpa e estão à defesa"[148], parecendo incapazes de se reinventar. Efectivamente, após o seu regresso generalizado à oposição, que foi acontecendo ao longo do final da década de 2000, os partidos sociais-democratas que haviam seguido a linha da Terceira Via não demonstraram, até agora, possuir a *imaginação* necessária para fortalecer ou para renovar a sua ideologia. Apesar dos discursos dos actuais líderes socialistas referirem com maior frequência a preocupação com o desemprego, com as desigualdades sociais e com os sistemas de impostos pouco progressivos, ainda ninguém pode afirmar com certeza que caminho irá ser por eles seguido nos próximos anos, nomeadamente quando chegar o seu ciclo de regresso ao poder.

[142] *Idem, ibidem*, p. 206.
[143] *Idem, ibidem*, p. 206.
[144] *Idem, ibidem*, p. 207.
[145] Plant, Raymond, "Será que Existe...", p. 54.
[146] White, Stuart; Giaimo, Susan, *op. cit.*, p. 216.
[147] Plant, Raymond, "Será que Existe...", p. 54.
[148] Judt, Tony, *Um Tratado Sobre os Nossos Actuais Descontentamentos*, Lisboa, Edições 70, 2011, p. 21.

## Bibliografia Essencial:

BERNSTEIN, Eduard, *Evolutionary Socialism*, Nova Iorque, Prism Key Press, 2011 (1ª ed. 1899);

CHADWICK, Andrew; HEFFERNAN, Richard (eds.), *The New Labour Reader*, Cambridge, Polity Press, 2003;

CROSLAND, Anthony, *The Future of Socialism*, Londres, Jonathan Cape Ltd., 1956;

GAMBLE, Andrew; WRIGHT, Anthony (eds.), *The New Social Democracy*, Oxford, Blackwell Publishers, 1999;

GAY, Peter, *The Dilemma of Democratic Socialism – Eduard Bernstein's Challenge to Marx*, Nova Iorque, Columbia University Press, 1954;

GIDDENS, Anthony, *Para uma Terceira Via*, Lisboa, Editorial Presença, 1999;

GOES, Eunice, *A Era Blair em Exame*, Lisboa, Quimera, 2003;

LEONARD, Dick (ed.), *Crosland and New Labour*, Houndmills, Macmillan/Fabian Society, 1999;

PLANT, Raymond; BEECH, Matt; HICKSON, Kevin (eds.), *The Struggle for Labour's Soul: Understanding Labour's Political Thought since 1945*, Londres, Routledge, 2004;

SASSON, Donald, *Cem Anos de Socialismo*, Lisboa, Círculo de Leitores, 2001;

WHITE, Stuart (ed.), *New Labour: The Progressive Future?*, Houndmills, Palgrave, 2001.

# Liberalismo

ORLANDO SAMÕES*

## Introdução

Em primeiríssima instância, o liberalismo traduz-se por uma inclinação favorável à liberdade. Enquanto ideal político, diferencia-se por ter uma enorme desconfiança em relação ao poder, ao mesmo tempo que admite a sua força. Essa sua desconfiança resulta da sua incerteza e hesitação permanente quanto àquilo a que, enquanto homens, podemos alcançar. O liberalismo é, como adiante melhor veremos, uma forma de lidar com a imperfeição humana. Ele toma como ponto de partida a basilar ignorância, tendo como intuição básica, por experiência, só uma coisa: *o poder tende a ser abusado pelo seu detentor.*

Daqui o liberalismo partiu para uma teoria do poder como potência normalmente exercida ao máximo, que não se fica pelas possibilidades, o que lhe dará a sua primeira certeza: só o poder pode travar o poder. No mundo moderno o liberalismo significou a tentativa de não permitir que o Estado se intrometa na vida de cada indivíduo, através da lei. Desta tensão, entre o Estado e o Indivíduo, surgem os direitos, por vezes chamados direitos de primeira geração, como o direito de acesso aos tribunais, o direito à vida, o direito a constituir família, a liberdade de imprensa ou a liberdade religiosa. Ou, mais tarde, o direito de sufrágio, por exemplo. Basicamente, são direitos *negativos*, no sentido em que ninguém terá a

* Doutorando em Ciência Política no Instituto de Estudos Políticos da Universidade Católica Portuguesa.

obrigação positiva de os consumar, isto é, eles apenas definem um espaço de autodeterminação. Estes direitos são para os liberais tomados como "verdades", mesmo sabendo as dificuldades que esse termo acarreta.

Ora, estes direitos, que são apanágio do liberalismo, acabariam por ter uma importante dimensão económica a que o termo ficaria para sempre associado, porque o domínio onde a falta de liberdade dá mais nas vistas é na arena do mercado. Ao conjunto de dispositivos de crescimento de valor descentralizados que foi corroendo as estruturas do feudalismo chamou-se muita coisa: sociedade comercial, liberdade natural, e mais tarde, capitalismo. De certa forma, estas expressões traduzem o direito à iniciativa económica.

Os liberais, contudo, não defendem o mercado pela geração de riqueza, ou por formar virtudes, e nem sequer defendem o fim do Estado. Muitas destas tarefas são libertárias e não liberais. O liberalismo defende a existência de um ambiente geral onde se cumprem regras legais e morais que considera naturais. Esse ambiente exige autocontrolo, que assim se torna a virtude central do liberalismo – e que, no domínio económico, significará parcimónia.

## I. Fontes do Liberalismo

Em forma resumida, pode argumentar-se que muitas das práticas económicas de que depende o liberalismo foram iniciadas, até sem querer, nas cidades-república do norte de Itália (Veneza, Génova e Florença) por volta do século XII, quando os monges católicos – cuja Igreja era uma grande proprietária – começam a ter de indagar acerca da capacidade de gerir as suas posses de forma mais pensada e matizada; e, depois de um enorme período de paragem mercantilista, traços desta compreensão renasce na Escola de Salamanca. Porém, estes ideais viriam a estar mais associado ao protestantismo do que ao catolicismo, devido ao facto das suas técnicas e práticas se terem "agarrado" melhor ao ambiente e carácter dos povos do norte da Europa do que aos da Península Ibérica ou de Itália. Ainda hoje se nota uma menor suspeita acerca do mercado livre nas Ilhas Britânicas. Aqui, o esforço intelectual mais organizado no sentido de salientar os benefícios da liberdade no mercado viria a ser feito por uma geração de escoceses, já no século XVIII, constituindo-se naquilo que ficou conhecido como Iluminismo Escocês. E foi das Ilhas que o ideal foi "vendido", mais na prática que na teoria, aos Estados Unidos durante o século XIX. Mas, no século passado, a principal defesa teórica do liberalismo esteve, por incrível que possa parecer, na Escola *Austríaca* de Economia: é de Viena que nos chegam alguns dos que, ainda que "infectados" pelo racionalismo, nas palavras de Michael Oakeshott[1], souberam no entanto articular as vantagens de se moderar o uso da razão e deixar o mercado funcionar livremente e ajustar-se por si próprio.

O modo de transacionar bens livremente de que falamos, assente num mercado de trabalho sem coerção, é "descoberto" nas cidades-república do norte da Itália, quando os monges católicos se sentem incitados a fazer um uso mais produtivo dos seus vastos terrenos e propriedades[2]; mas a consubstanciação teórica de elementos basilares ao comércio, como propriedade, preço justo e consentimento, encontra-se nos escritos dos professores da Escola de Salamanca, como Luís de Molina ou Domingo de Soto no século XVI[3]. Antes disso, Tomás de Aquino, no século XIII, forneceu justificação quanto à emergência da necessidade dos juros e até quanto à naturalidade dos lucros, mesmo em termos morais[4], dando fundo e inspiração aos estudos em Salamanca. Bastou assegurar que a propriedade[5] é respeitada para que se pudesse trocar *aquilo* que é de um por *aqueloutro* que é do outro – aqui o nome de Francisco de Vitoria é incontornável. Mas, para o mercado livre funcionar, é preciso ainda que a propriedade se estenda ainda à própria pessoa que compra ou vende, ou seja, que todo o trabalho seja livre. O uso de força numa troca ou na produção de algo – a escravatura – é contrário ao liberalismo e ao capitalismo. Assim sendo, como se nota, é na esfera de matriz católica que se passam muitos dos alargamentos

[1] Oakeshott, Michael, "Rationalism in Politics", in *Rationalism in Politics and Other Essays*, Indianapolis, Liberty Fund, 1991 (1ª ed. 1962), p. 26.

[2] Cf. Stark, Rodney, *The Victory of Reason – How Christianity Led to Freedom, Capitalism, and Western Success*, Nova Iorque, Random House, 2005.

[3] Cf. Alves, André Azevedo; Moreira, José Manuel, *The Salamanca School*, in *Major Conservative and Libertarian Thinkers*, ed. John Meadowcroft, Volume 9, Nova Iorque/Londres, Continuum, 2010.

[4] Cf. Aquino, São Tomás de, *Suma Teológica*, Ia Iiae, IIa IIae, Ed. bilingue, 16 vols, coord. Fr. Jesus M Pla Castellano, Madrid, B.A.C., 2009 (1ª ed. 1269-1271) – ver por exemplo: II – II, XXX.

[5] Cf. Vitoria, Francisco de, *Reflectio De Indis – O Liberdade de Los Indios*, Edicion Critica Pereña e Perez Prendes, Madrid, Consejo Superior de Investigaciones Cientificas, 1967 (1ª ed. 1532), I, I, 2-6, pp. 1-11 e pp. 17-20.

*teóricos* das práticas capitalistas[6]. Muito embora, na *prática*, tenham sido muitas vezes judeus quem melhor utilizou e aproveitou esses saberes[7].

O facto de terem sido países protestantes a segurar algumas das ideias financeiras Florentinas, e os países católicos terem tido uma propensão para acatar despotismos, fez alguns pensarem que o catolicismo era incompatível com o capitalismo[8]. O homem descrito por Max Weber[9], por exemplo é, em rigor, um homem do norte da Europa, uma criatura muito controlada, calma, e com uma grande vocação religiosa, mas apenas isso.

Na Escócia, a assinatura do Union Act em 1707 e a saída do Parlamento para Londres suaviza as estruturas de uma economia de favorecimentos pessoais que vai permitir a emergência de atividades industriais lançadas por anónimos sem poder político. É este contexto de crescimento comercial que ajuda explicar o arrasto dos filósofos morais para os assuntos económicos. Pode-se discutir a posição relativa entre a escola de Salamanca, que centralizou os contributos dos Católicos, e a Universidade de Glasgow, que viria a ser um novo centro de estudo liberal, mas aqui assumiremos, para simplificar, que houve uma certa continuidade nos esforços intelectuais Ibéricos, primeiro, e nos Escoceses, depois. Aqui, portanto, desabrocha ao longo do século XVIII um novo conjunto de pensadores que, reconhecendo alguns dos méritos dos Iluministas Franceses, e acreditando também no poder das sugestões da razão humana, criaram uma nova filosofia *racional*, mais prudente em relação à razão porque assente em sentimentos, e menos dependente do crivo final dessa mesma racionalidade que lhe está na origem. A razão apercebe-se, com David Hume, da facilidade com que pode ser enganada. A paixão passa agora a ser também considerada uma parte da explicação sobre a origem dos nossos atos, mesmo que *só* a razão os consiga analisar e fazer as suas respectivas contas e cálculos. A motivação que a razão encontra para se dar a todo este

[6] Cf. Novak, Michael, *The Catholic Ethic and the Spirit of Capitalism*, Nova Iorque, The Free Press, 1993.

[7] Cf. Tamari, Meir, *"With All Your Possessions": Jewish Ethics and Economic Life*, Nova Iorque, Free Press, 1987.

[8] Fanfani, Amintore, *Catholicism, Protestantism and Capitalism*, Notre Dame, IN, University of Notre Dame Press, 1984 (1ª ed. 1935).

[9] Weber, Max, *The Protestant Ethic and the Spirit of Capitalism*, Nova Iorque, Charles Scribner's Sons, 1958 (1ª ed. 1904).

trabalho é desencadeada por paixões, por um lado[10], e servirá para satisfazer outras paixões, por outro[11]. Para Hume, as paixões aclaram o que queremos, enquanto a razão liberta o mercado que nos ajudará na obtenção, precisamente, daquilo que queremos. O último vulto desta escola, o Professor de Moral Adam Smith, viria a sublinhar a importância desses sentimentos que considera morais[12], em *A Teoria dos Sentimentos Morais* (1759), e também a importância do mercado livre[13], ao publicar *A Riqueza das Nações* (1776). Nesta fase, e mesmo que as possíveis relações entre os dois livros estejam longe de estar clarificadas, o liberalismo detinha ainda um carácter que se pode considerar "positivo" na medida em que se proponha destruir as instâncias associadas ao feudalismo[14].

Mais recentemente, como foi dito, foi na Escola Austríaca da Economia que se deu a redescoberta das virtudes do liberalismo. Para Mises, o mercado gera mais riqueza para todos e permite a liberdade: deve ser encorajado[15]. Enquanto para Hayek, sendo verdade que uma organização, como ordem fabricada ou planificada, pode através da força, ordens e comandos específicos, gerar no curto prazo um volume de produção considerável num produto pré-determinado (escolhido por um líder ou por uma assembleia), há o problema de ninguém poder saber de antemão que produto é que as pessoas irão querer a longo-prazo (por muito bem intencionado que esse líder esteja ao escolher para todos). Quer dizer, apenas aquilo que o autor deixa entrever como sendo uma "ordem espontânea" poderá fazer uso dos conhecimentos de todos e ajustar-se às necessidades de sociedades em permanente mudança. Uma ordem espontânea é assim um modo descentralizado de processar informação tácita e não verbalizável que só

[10] Cf. Hume, David, *A Treatise of Human Nature*, Londres, Penguin Books, 1969 [1ª ed. 1739 (I, II) e 1740 (III)], II, iii, III, pp. 460-5.

[11] Cf. Hume, David, "Of Money", in *Essays Moral, Political and Literary*, ed. Eugene F. Miller, Indianapolis, Liberty Fund, 1985, pp. 281-294.

[12] Cf. Smith, Adam, *The Theory of Moral Sentiments*, ed. Knud Haakonssen, Cambridge, Cambridge University Press, 2009 (1ª ed. 1759).

[13] Cf. Smith, Adam, *An Inquiry into the Nature and Causes of the Wealth of Nations*, in *Glasgow Edition of the Works and Correspondence of Adam Smith*, vol. II, eds. R. H. Campbell e A. S. Skinner, Indianapolis, Liberty Fund, 1981 (1ª ed. 1776).

[14] Cf. Skinner, Andrew S., *Adam Smith and The Role of The State*, Glasgow, University of Glasgow Press, 1974.

[15] Cf. von Mises, Ludwig, *Planning for Freedom: Let the Market System Work*, in *A Collection of Essays and Addresses*, Indianapolis, Liberty Fund, 2008 (1ª ed. 1952).

fica disponível se descermos ao nível de cada indivíduo e o dotarmos da liberdade de tentar. O mercado, as línguas e a Lei são conjuntos de regras que foram crescendo como fruto da interação entre todos, não tendo sido inventadas por ninguém, nem estando preparadas para atingir alguém em especial. Estas ordens compreendem mais complexidade do que as ordens fabricadas porque se tratam de conjuntos de regras disseminadas sem um propósito específico[16].

As ordens espontâneas servem assim para a execução de cada um dos vários próposítos indivíduais dos que as usam. E um sistema liberal percebe as ordens espontâneas melhor do que os outros. Ao protegê-las, o liberalismo, irá permitir processar um volume de informação que ultrapassa aquilo que pode ser verbalizável, fazendo uso, por isso mesmo, das *melhores* práticas tradicionais. Aqui entende-se por *melhores* apenas aquelas práticas que levaram mais vezes ao sucesso de quem as copiou, o que quer dizer que foram sendo selecionadas ao longo dos tempos por imitação (e sem imposição). Para Hayek, por muito que um liberal se esforce, nunca será capaz de inventar as regras de uma ordem espontânea: aquilo a que chamamos normalmente *tradição* captura uma parte desta realidade. Quanto às práticas da tradição: podemos sempre criticá-las[17] e somos livres de não gostar delas. O problema é que cada um de nós está numa fraca posição para as refutar: cada um de nós processa no seu cérebro[18] uma ínfima parte do conhecimento embutido nas regras da tradição; elas – as regras – são por isso muito maiores que nós, porque condensam todo um conhecimento prático, que funciona sem que pensemos nele. As tradições são uma tarimba que foi embutida num processo cruzado por milhões de seres humanos ao longo das gerações. Todos lhes deram o seu toque pessoal e as modificaram ligeiramente, mas a ninguém foi dada a chave que permitiria percebê-las. Logo, não está ao nosso alcance controlá-las ou modificá-las: somos demasiado insignificantes para tal.

Hayek admite que poderemos, no limite, utilizar e aproveitar dessas regras, e quem sabe até tentar influenciar alguns desses processos espontâ-

[16] Cf. Hayek, Friedrich August, *Law, Legislation and Liberty – Rules and Order*, vol. I, Routledge & Kegan Paul, Londres, 1973, pp. 39-42.

[17] Cf. Popper, Karl R., *Conjectures and Refutations – The Growth of Scientific Knowledge*, Londres/Henley, Routledge & Kegan Paul, 1972 (1ª ed. 1963), cap. 4.

[18] Cf. Hayek, Friedrich August, *The Sensory Order*, Chicago, The University of Chicago Press, 1952.

neos, mas nunca poderemos tentar substituí-los[19]. A frase seguinte é esclarecedora do seu ponto de vista: "Muitas das grandes coisas que o homem alcançou não são o resultado de um pensamento direto consciente e muito menos o produto de um esforço coordenado e deliberado de muitos indivíduos, mas sim de um processo no qual o indivíduo fez uma parte que nunca poderá totalmente perceber. Elas são maiores do que qualquer indivíduo, precisamente porque são o resultado de uma combinação de conhecimento mais extensiva daquela que uma única mente humana poderá processar"[20].

As regras gerais das ordens espontâneas que vão prevalecendo são as que mais conduzem ao sucesso, daí serem imitadas. Por isso Hayek pode dizer que as ordens espontâneas vão permitindo alcançar, sistematicamente, o sucesso em geral, muito embora nada se possa saber em concreto sobre casos particulares[21], para quem o seu resultado é sempre imprevisível, e que pode depender de factores como a sorte[22]. Estas práticas repetidas seriam a base de todo este conjunto de regras que assim vai emergindo espontaneamente, fruto da interação humana, mas que não foram desenhadas de antemão por ninguém em particular – pelo que podem estar algures entre o deliberadamente humano e o natural[23]. Aliás, seria mesmo impossível que alguém as conhecesse antes destas acontecerem e resultarem. Elas aparecem se deixarmos espaço para a experimentação e para o erro, ou seja, para a liberdade.

## II. Liberdade e Regras

Em certa medida, o liberalismo defende apenas isto: um regime de regras, sem ninguém a coordenar. Como disse, para a tradição o problema é que mesmo que um liberal tentasse inventar *regras* que permitissem a

[19] Cf. Hayek, Friedrich August, *The Counter-Revolution of Science*, Londres, The Free Press of Glencoe, 1979 (1ª ed. 1952/55), p. 84.

[20] *Idem, ibidem*, p. 84.

[21] Cf. Hayek, Friedrich August, *Law, Legislation and Liberty – Rules and Order...*, p. 40.

[22] Cf. Hayek, Friedrich August, *Law, Legislation and Liberty – The Mirage of Social Justice*, vol. II, Londres, Routledge & Kegan Paul, 1976, p. 95.

[23] Cf. Hayek, Friedrich August, "The Results of Human Action but not of Human Design", in *Studies in Philosophy, Politics and Economics*, Chicago, The University of Chicago Press, 1967, C. 6, pp. 96-97.

liberdade não conseguiria. As regras da liberdade são o produto da interação de milhões e não pode ser conhecidas de antemão[24].

Para o liberalismo, o facto de não podermos voar não recorta a nossa liberdade: só quando *alguém* tem poder para nos incomodar é que isso acontece. O liberalismo está assim no centro do problema da obediência e da coerção, é um conceito verdadeiramente humano. Não há portanto liberalismo entre os animais: neste reino ganha *apenas* o mais forte. O liberalismo é força dada aos fracos pela dispersão geral da força a que obriga. A *liberdade* do liberalismo, por isso, acaba por ser somente a sua interpretação corrente e de senso comum: *não* obedecer a ninguém. O carácter *negativo* desta formulação, que nada diz sobre o que devemos fazer, foi fortalecido por John Stuart Mill, ao impor a regra que diz, no fundo, que ninguém pode tocar outro, a não ser que esse outro vá fazer mal a um terceiro. Nas suas palavras, "A única finalidade pela qual o poder pode ser legitimamente exercido sobre qualquer membro de uma comunidade civilizada, contra a sua vontade, é a de prevenir o mal contra os outros"[25]. Liberdade assim é não estorvar a vida dos outros, o que nos dá uma esfera de não intromissão a nós também. A liberdade é então "ausência de coerção intencional por outrem", ou, como também disse Isaiah Berlin: "liberdade é liberdade"[26], *nem mais nem menos*. Mas para Hayek, tal como para Schumpeter, podemos estar condenados a ver rejeitado este sistema, a troco desse *nem mais nem menos*, dado que as pessoas tendem a querer controlar tudo racionalmente e anseiam por previsibilidade até para os casos particulares[27]. Chamam a isso "segurança", mas, para os liberais, este termo pode ser enganador[28]. A suposta "segurança" prometida pelo poder político traduz-se na firmação de um padrão de distribuição estabelecido de acordo com um qualquer critério inventado de mérito (ou de esforço, ou de necessidades). Este padrão

[24] Cf. Hayek, Friedrich August, *The Constitution of Liberty*, Londres, Routledge & Kegan Paul, 1960, C. 4.

[25] Mill, John Stuart, *On Liberty*, ed. John Gray, Oxford, Oxford University Press, 1998 (1ª ed. 1859), p. 14.

[26] Berlin, Isaiah, "Two Concepts of Liberty", in *Four Essays on Liberty*, Oxford, Oxford University Press, 1969, p. 125.

[27] Cf. Hayek, Friedrich August, "'Social' Or Distributive Justice", in *Law, Legislation and Liberty – The Mirage of Social Justice...*, C. 9.

[28] Cf. Hayek, Friedrich August, "Security and Freedom" (C. 9), in *The Road To Serfdom*, Chicago, The University of Chicago Press, 1994 (1ª ed. 1944).

será sempre arbitrário: decidido (depois de imaginado) por alguém. Inculcar um padrão de distribuição é destrutor do liberalismo, é dizer que um homem, ou grupo, poderá escolher quem são os futuros vencedores. Ora, isto é o contrário da liberdade tal como anteriormente definida. Impor um padrão de distribuição é permitir que quem governa, do topo do seu poder, responda à pergunta inevitável: quem terá direito a quê?[29]. A resposta será muito simples: tudo terá quem os poderosos quiserem que tenha.

Mas, pior do que isso, é bom notar o seguinte efeito: quem quiser inculcar um padrão de distribuição terá de fazê-lo necessariamente à força, através de uma tirania onde alguém nos diz, precisamente, o que fazer. A distribuição que temos agora é a que está a ser tomada como injusta, logo, alterá-la implicará coação (tiraremos a uns para dar a outros, de acordo com o padrão, pelo que estaremos a contrariar uma dispersão que se gerou sem que ninguém tenha feito nada, intencionalmente, para a obter). Chamarão depois ao resultado "justiça social", mas não é[30]. Distribuir como se acha mais justo seria não-distribuir[31]. Justiça, para os liberais, é o processo social[32] que reside em deixar o mercado funcionar e deixar também que o prémio de cada um obtém seja apenas definido pelo valor com que cada um paga, voluntariamente, pelo serviço do outro[33] de forma legítima, isto é, sem que ninguém ultrapasse a lei.

No caso de Inglaterra, este processo assenta num cumprimento das regras de justa conduta das quais surgiu, mas também num quadro formal que vai assimilando as "revoluções" da modernidade sem nunca recorrer à Revolução[34]. O liberalismo acarreta assim alguma previsibilidade e ordem. Mesmo uma "ordem espontânea", para usar de novo a famosa expressão de Hayek, não é apenas definida pela espontaneidade. Ela obedece a uma

[29] Cf. Hayek, Friedrich August, "Who? Whom?" (C. 8), in *The Road...*.

[30] Cf. Hayek, Friedrich August, *The Fatal Conceit: The Errors of Socialism, in The Collected Works of Friedrich Hayek*, vol. I, ed. W. W. Bartley, Chicago, The University of Chicago Press, e Londres, Routledge & Kegan Paul, 1988, pp. 117-119.

[31] Cf. Hayek, Friedrich August, *New Studies in Philosophy, Politics, Economics and the History of Ideas*, Londres, Routledge and Kegan Paul, 1978, pp. 57-59.

[32] Cf. Hayek, Friedrich August, *Law, Legislation and Liberty – The Mirage of Social Justice...*, pp. 78-80.

[33] Cf. Nozick, Robert, *Anarchy, State and Utopia*, Oxford, Basil Blackwell, 1974, C. 7.

[34] Ver Espada, João Carlos, *A Tradição Anglo-Americana Da Liberdade – Um Olhar Europeu*, Cascais, Princípia, 2008, p. 12, citando Himmelfarb, Getrude, *The Roads to Modernity: The British, French, and American Enlightenments*, Nova Iorque, Vintage Books, 2005 (1ª ed. 2004).

ordenação, como o seu próprio nome indica. Os seus resultados não são por isso arbitrários nem aberrantes: *a imprevisibilidade para casos particulares é truncada pelo ambiente geral de sucesso que assim melhora as possibilidades de cada caso particular.* A previsibilidade já estava então contida na sua conceção, e as regras de conduta que concorrem para isso evitam ainda os problemas das discordâncias quanto às finalidades de cada um, como refere e explica João Carlos Espada: "A sociedade liberal é uma ordem espontânea em que o bem comum consiste no acordo sobre a ausência da necessidade de acordo dos propósitos de cada um. Os liberais não querem unificar os objetivos de vida de cada indivíduo, apenas exigem um acordo quanto aos meios, às regras de conduta, que permitem a cada um perseguir os seus propósitos sem prejudicar terceiros"[35].

A liberdade, numa ordem espontânea, é a responsabilidade de cada um. No socialismo, por seu turno, nunca ninguém assume a sua responsabilidade: a culpa é do mau plano quinquenal, da sabotagem, dos infiltrados, dos conspiradores externos, dos agentes do imperialismo americano, ou ainda, das absurdas metas impostas pelo líder. No liberalismo, pelo contrário *a culpa é do indivíduo que pratica a acção*[36]. Porque cada um é responsável pela sua situação, cada um assume a sua culpa.

Para um liberal, deixar que uma mão humana reparta os benefícios é autorizar a licença e o compadrio. É o domínio dos favores e dos favorecimentos. É obedecer a uma linha de comando. Nesse momento não obedeceremos às tais regras gerais, mas sim a *comandos* específicos, como explicou Hayek[37]. Obedeceremos a ordens concretas de um superior. No final das contas, as pessoas que querem este tipo de "segurança" ou "justiça social" acordarão sim na imprevisibilidade e na insegurança gerada pela arbitrariedade de uma tirania. Alguns autores têm dito que o liberal não é sequer candidato a político. Se fosse, talvez tivesse de escolher, em várias ocasiões, entre ter de ser socialista ou conservador[38]. Mas o liberal tem mesmo um programa político concreto: atar o comandante (isto é, o governo) do navio ao mastro, para que este não se deixe encantar pelos cânticos das sereias (e, note-se que, quando Homero descreve esta situa-

[35] Espada, João Carlos, *Ensaios sobre a Liberdade*, Princípia, Cascais, 2002, p. 138.

[36] Cf. Rogge, Benjamin A., *Can Capitalism Survive?*, Indianapolis, Liberty Fund, 1979.

[37] Cf. Hayek, Friedrich August, *Law, Legislation and Liberty – Rules and Order...*, C. 2.

[38] Cf. Moreira, José Manuel, *Liberalismos: Entre o Conservadorismo e o Socialismo*, Lisboa, Ed. Pedro Ferreira, 1996.

ção, sublinha o facto do comandante desejar ouvir esses cânticos...). Para os liberais, ao darmos o leme do controle do navio a alguém – que não seja surdo –, atribuímos-lhe simultaneamente o poder para interferir connosco. O destino por ele traçado pode não ser o nosso. As sereias cantam e, para os liberais, elas *encantam* mesmo, quer dizer, o poder da sedução é irresistível.

O liberalismo assume, assim sendo, que toda a gente é imperfeita, que "os homens não são anjos"[39], e que, quando têm poder, piores se tornarão ainda. Por isso é preciso combinar os poderes e separá-los para que nenhum possa abusar da sua posição. A John Locke foi reconhecido o contributo dado quanto à "distinção" efetiva dos vários poderes, e até à menção quanto a possibilidades de "separação"[40]. Dizer que os poderes são *distintos* ajudou muito a perceber melhor as dificuldades inerentes ao exercício do poder. Ele trabalhou ainda aos ombros de Francisco Suarez[41], na ideia de "consentimento"[42], e viu-a como base legitimidade do poder político. Estas ideias abriram as possibilidades dos liberais, fornecendo corda, longas cordas, para que pudessem dar muitas voltas e enlaçar o ao comandante no mastro. A essa corda chamou-se *Lei*. E foi precisamente Locke quem escreveu aquilo que todos já sabiam, mas que nenhum outro gravou na pedra como devido: "Onde não há Lei não há liberdade"[43].

No entanto, o contributo liberal mais significante pode não ser o de Locke, mas sim de um francês espantado com o caso de Inglaterra: Charles-Louis de Secondatt, barão de Montesquieu. Com ele, a separação de poderes não pode ser absoluta[44] sob pena de chegarmos a uma situação de paralisia geral. Mas também é ele quem afirma que "tudo estaria perdido" se o mesmo homem ou corpo "exercesse estes três poderes: o de fazer as leis, o de executar as resoluções públicas e o de julgar os crimes"[45].

[39] Hamilton, Alexander; Madison, James; Jay, John, *The Federalist Papers*, ed. Clinton Rossiter, Nova Iorque, New American Library, 2003 (1ª ed. 1788), #51.

[40] Cf. Locke, John, *Two Treatises Of Government*, Cambridge, Cambridge University Press, 1960 (1ª ed. 1689-90), II, C. XII, pp. 144-147.

[41] Cf. Suarez, Francisco, *De Legibus*, Edicion Critica Bilingüe por Luciano Pereña, Madrid, Instituto Francisco de Vitoria, 1971 (1ª ed. 1612), Tomo I e Tomo V.

[42] Locke, John, *op. cit.*, II, C. VIII, pp. 95-99.

[43] *Idem, ibidem*, II, C. VI, p. 57.

[44] Cf. Althusser, Louis, *Montesquieu: La Politique et l'Histoire*, Paris, Presses Universitaires de France, 1969, pp. 98-108.

[45] Montesquieu, Charles-Louis Barão de, *Do Espírito das Leis*, ed. Miguel Morgado, Lisboa, Edições 70, 2011 (1ª ed. 1748), XI, p. 6.

Montesquieu trabalha sobre as finas linhas que permitem que os poderes se entrelacem em tensão uns com os outros sem bloqueios nem primazias. O seu objetivo é a liberdade. Para ele, por muito que nos custe a admitir, a verdade é que só o poder pode efetivamente travar o poder[46]. Apenas o que é potente pode segurar (e empurrar) o que é potente. Para obter um sistema livre, precisamos de uma teia complexa de arranjos institucionais que não permitam que um poder abuse da sua posição sem que outro não o possa travar. Nenhum poder deverá ter poder para se sobrepor a outro poder. O resultado seria um regime moderado, aquele que permite a liberdade, para ele, a situação em que um cidadão não teme o outro[47]. A ausência de receio é a liberdade. O medo é o princípio que define o despotismo[48].

A corda pode até ser pouca, tal como há leis que existem antes de termos reparado nelas, o que não podemos permitir é que o comandante as corte. Montesquieu representa o elemento mais crucial de todos: mais importante do que enlaçar bem o comandante com leis é não esquecer de fazer um bom nó. Os "costumes" e as "maneiras" dos povos são âncoras que não nos deixam totalmente à deriva. Na nossa analogia, são "nós" nas "cordas". Os "costumes", as "maneiras" e os "exemplos" não permitem que se possa fazer tudo que o déspota queira[49]. E, para Montesquieu, o déspota é simplesmente alguém que "quer"[50]. O despotismo fica, precisamente, no agarrar das paixões momentâneas e presentes. Ora, assim sendo, o despotismo está nos antípodas do liberalismo. E não há, até hoje, melhor descrição do despotismo do que aquela que Montesquieu nos deixou em 1748: "Quando os selvagens do Luisiana querem ter fruta, cortam a árvore pelo pé, e colhem a fruta. Eis o governo despótico"[51]. Qualquer comentário adicional sobre o despotismo apenas tiraria brilho a esta magnifica imagem.

O liberalismo, em termos políticos, pretende somente poder despedir os governos pacificamente, quer dizer, evitar a perpetuação de abusos que podem levar ao despotismo. Para evitar a pior situação possível, o liberalismo desenvolve um sistema de "freios e contrapesos"[52] imposto

[46] Cf. *Idem, ibidem*, XI, p. 4.
[47] Cf. *Idem, ibidem*, XI, p. 6.
[48] Cf. *Idem, ibidem*, V, p. 14.
[49] Cf. *Idem, ibidem*, VIII, p. 13 e XIX, p. 12.
[50] Cf. *Idem, ibidem*, IV, p. 3.
[51] *Idem, ibidem*, V, p. 13.
[52] Hamilton, Alexander; Madison, James; Jay, John; *op. cit.*, #51.

aos poderes, reforça a Constituição, apela aos costumes, agarra-se ao que puder, e agradece toda e qualquer outra sugestão que limite ainda mais o exercício do poder. A ideia de república, que surgiu durante a discussão sobre a Constituição americana, por exemplo, era na verdade uma versão camuflada de democracia não direta. Os liberais viram nela mais uma forma de travar os abusadores. A ideia de "consentimento" é na América torcida ligeiramente para que signifique principalmente que os governos têm de prestar contas ao povo. O "povo" passa a ser o "grande júri", para usar as expressões dos Artigos Federalistas.

Sendo verdade que o liberalismo não é o maior elogiador da democracia representativa, usa-a e aproveita-a, é seu "aliado e amigo"[53]. Para os liberais, a democracia representativa é mais uma forma de verificar, de limitar e de apertar com o poder. Não deve ser um fim em si, mas faz o que é preciso: facilita os despedimentos dos governantes[54]. Quem abusa, deveria ser, através do voto, despedido. Como por vezes a democracia não chega para evitar o pior – o despotismo –, a Constituição é barreira adicional. Para alguns pensadores de ideologias, o liberalismo é identificável pelo constitucionalismo[55]. O liberalismo é o governo limitado pela lei e por onde mais for possível. Com tudo isto presente, o liberalismo deve ser visto como realização plena da ideia da regra *de* lei, ou *rule of law*, em inglês (em oposição à ideia de regra-dos-homens). O liberalismo é uma caixa de sugestões aberta a todas as propostas que limitem o poder e o escopo do poder.

## III. A Postura Anti-Regulação

Para o liberalismo, os homens terão sempre os seus particulares vícios. Tendo poder, vão necessariamente abusar dele. O que acontece quando é dada a hipótese ao Estado de fornecer bens e serviços é permitir que o governo atribua aos seus amigos, à sua clientela, os benefícios correspondentes. No campo económico isto é claríssimo. Não existem empresas em posição monopolista senão quando protegidas pelo governo. Na realidade, o termo monopólio significa isso mesmo: um (mono) + público (pólio).

[53] Strauss, Leo, *Liberalism, Ancient and Modern*, Chicago, Chicago, University of Chicago Press, 1995 (1ª ed. 1968), p. 24.

[54] Cf. Karl R. Popper, "The Open Society and its Enemies Revisted", in *The Economist*, Abril de 1988.

[55] Cf. Vicent, Andrew, *Modern Political Ideologies*, Oxford / Cambridge, Blackwell, 1992, p. 25.

Trata-se de uma concessão do Estado, como entidade pública, a um amigo felizardo que ficará sozinho a vender algo. E que assim sendo terá lucro (económico, ou seja, anormal). Ora, só tem lucros anormais, precisamente, quem não está exposto à concorrência, porque havendo lucros acima dos lucros em concorrência perfeita (que são: zero) todos os gostaríamos de os agarrar, aumentando o número de empresas nesse mercado – a concorrência – assim forçando os preços a descer. Isto está tudo mais que tratado nos manuais de Microeconomia de hoje[56].

É para permitir a disseminação por todos do bem-estar, que, de outro modo, fica acumulado nas mãos de poucos, que os liberais defendem o mercado livre e aberto. Qualquer alternativa ao mercado livre redunda na perpetuação de uma injustiça: alguns ganham muito (os protegidos), a maioria perde muito (os consumidores e os que gostariam de entrar nesse mercado).

Qualquer interferência do Estado nos mercados, aliás, mesmo através de mera regulação, apenas distorce incentivos e retira capacidade inovadora à economia. A regulação anuncia-se como sendo de "defesa da concorrência", mas, para os liberais, isso é mentira. Um departamento do Estado, mesmo que queira somente regular, acaba sempre por dirigir e controlar. Além disso, a autoridade reguladora é sempre capturada pelo regulado. São as empresas "reguladas" quem tem a possibilidade de contratar advogados ou consultores para tentar escapar à regra geral; e quem se consegue organizar para fazer pressão sobre a escolha dos futuros reguladores e das futuras normas. E, por incrível que pareça, são também as empresas instaladas que pedem a própria regulação porque certo tipo de regulação ajuda a escoar os produtos que não conseguem ser vendidos no mercado de outra forma (veja-se o caso dos certificados de vários tipos que muito ajudam a vender bens relativamente mais caros apenas porque têm um selo a dizer que são, precisamente, "certificados"). Eles, os reguladores, defenderiam a concorrência se saíssem do caminho e desaparecessem, deixando o mercado aberto a todos. Para os liberais, a regulação redunda na proteção dos instalados ou daqueles que conseguem estar permanente a preencher os critérios estatais – feitos por burocratas que não percebem rigorosamente nada dos respectivos negócios. Friedrich Hayek sabia isto

[56] Ver, por exemplo, Varian, Hal R., *Intermediate Microeconomics*, Nova Iorque, W. W. Norton & Company, 1999.

e afirmou inequivocamente: "O entusiasmo pela concorrência perfeita em teoria e a defesa de monopólios na prática são muitas vezes surpreendentemente encontrados juntos"[57]. Para os liberais, Hayek tinha razão.

Mas o pior nem é isto. Apesar de não parecer, a realidade é que a proteção dada pelo Estado às empresas instaladas (por exemplo, num momento em que estas deixaram de vender os seus produtos, simplesmente porque ninguém os quer) significa quebrar o mecanismo que permitiria a entrada às pessoas que têm novas ideias para florescer nesse mercado. Regular significa aqui proibir os mais pobres, mas com ideias e com mérito, de subirem a escada pela qual outros, mais ricos, já subiram anteriormente.

Mas mesmo que o Estado se concentre apenas nas suas funções administrativas e judiciais, o que os liberais aceitam, as pessoas que estão à frente dos seus organismos do Estado aumentarão, muito para lá do desejado, a dimensão do seu gabinete. Teremos sempre o efeito designado por "fenómeno burocrata"[58]. Quer se queira ou não: o Estado nunca diminui de peso numa economia. A burocracia vai ajudar a este resultado, porque estará inexoravelmente em crescendo[59]. É sempre preciso mais um papel (e outro adicional) para dar qualquer passo (até mesmo para "certificar" os tais certificados). A burocracia é um modo de processar procedimentos inúteis levado ao infinito. O Estado gostaria de poder colocar todos os cidadãos a carimbar papéis. Para os liberais, a burocracia é o endosso à improdutividade, é a gargalhada feliz da incompetência, é a vitória sublime daqueles que só querem atrapalhar a vida dos outros. E infelizmente é impossível fazer regredir a expansão deste *Leviatã* que tudo come à sua volta[60]. A burocracia é o poder concentrado nas mãos dos que não sabem fazer nada a não ser bloquear as atividades dos que sabem fazer alguma coisa.

Quem tem uma boa ideia de negócio pode não ser, e normalmente não será, a pessoa que mais perceba de leis e de contabilidade que possibilite a sua incitação. Para além dessa tremenda montanha de papéis que essas pessoas com ideias terão de enfrentar estoicamente, só se o empreendedor for ainda contabilista e advogado, ao mesmo tempo, pode tentar começar

[57] Hayek, Friedrich August, *Individualism and Economic Order*, Chicago, The University of Chicago Press, 1948, p. 102.

[58] Barbosa, António Pinto, *Economia Pública*, Alfragide, McGraw-Hill Portugal, 1997.

[59] Cf. von Mises, Ludwig, *Bureaucracy*, Indianapolis, Liberty Fund, 2007 (1ª ed. 1944).

[60] Cf. Buchanan, James M., *The Limits Of Liberty – Between Anarchy and Leviathan*, Indianapolis, Liberty Fund, 2000 (1ª ed. 1975), pp. 186-208.

uma atividade. Ora, isto reduz o número de pessoas que poderiam contribuir com as suas ideias.

O regulador e o burocrata não percebem que a especialização e a divisão do trabalho são as fontes da riqueza. Quem tem uma ideia de valor para a economia deveria poder lançá-la sem nenhum impedimento imposto pelo Estado. Devia poder *tentar* sem o Estado saber. O Estado só se deveria interessar caso a atividade pudesse estar a envolver ilegalidades, como fraude ou coerção. Nessa altura o Estado deveria poder entrar, sim, com toda a força, e pedir satisfações em sede própria.

Os governos que dão cobro aos burocratas esquecem que é o mercado quem experimenta, testa, aprecia e paga. Para os liberais, não existe outra forma de gerar valor. Não existe outra forma das economias crescerem: é preciso gerar bem-estar nos outros. Regular serve apenas para dificultar a tarefa a quem quer fazer alguma coisa por si e, assim, pelos outros – aqueles a quem se quer vender. A regulação obriga que todas as coisas tenham o mesmo sabor – a homogeneização –, porque o Estado regulador obriga a estereotipar os produtos, baseando-se apenas naqueles que já conhece para retirar as normas para os outros. Isto trunca as possibilidades de emergirem novos produtos baseados em novas tecnologias, formatos e gostos. Os países que mais regulam, pouco inovam.

Mas, para os liberais, o Estado faz pior do que isso ao subsidiar as atividades obsoletas e desinteressantes de alguns. A prática de subsidiar algumas atividades significa manter, artificialmente, ineficientes no topo, e significa também negar as possibilidades de subida que deviam estar disponíveis a todos. Um Estado nunca deveria dar a uns o que não pode dar a todos: os subsídios são injustos. Para os liberais, o Estado devia deixar subir e deixar cair e, para isso, deve abstrair-se de fazer intervenção, ou seja, deve apenas sair da cena. A ter voto sobre qualquer matéria acaba por tomar partido por um dos lados e artificialmente garantir o bem-estar de uns em detrimento de outros. Para os liberais, o Estado deve apenas ser como um garante das leis, um "árbitro"[61] que apita apenas quando as atividades dos indivíduos "colidem" e não se percebe logo quem tem razão. Nesse momento "o jogo"[62] é suspenso para sentar cada um dos lados em

[61] Oakeshott, Michael, "Rule of Law", in *On History and Other Essays,* Indianapolis, Liberty Fund, 1999, p. 137.

[62] Hayek, Friedrich August, *Law, Legislation and Liberty – The Mirage of Social Justice...,* C. 10.

tribunal e dar a oportunidade a cada um explicar o que se passou. Quem interferiu na esfera de não intromissão do outro, violou a sua liberdade, e deve ser punido de acordo com a lei. Num Estado liberal, apenas o juiz pode ordenar essas medidas de coação. Daí o Estado liberal ser apelidado também de Estado *mínimo*, como fez Robert Nozick, autor que explicou como facilmente se poderiam violar direitos individuais na tentativa de estabelecer um qualquer padrão de justiça na sociedade que não seja a simples justiça por "justo título"[63], aquela que resulta das transacções justas passadas. Mais importante do que reparar naquilo que o Estado pode fazer, portanto, é sublinhar aquilo que o Estado não pode fazer. Os direitos do liberalismo são os *negativos*, tal como foi intuído anteriormente. Um Estado que não "joga o jogo", apenas o "apita" e não deve envolver-se muito – esta é uma ideia liberal[64].

Um Estado liberal, no entanto, pode não ser contra a criação de uma rede de segurança, uma *safety net*, como a de Hayek por exemplo[65], abaixo da qual não permita que alguém viva, mas acima da qual teremos de aceitar e admitir as desigualdades inerentes à própria diferença no valor dos contributos que cada um dá à sociedade. Um apoio do Estado que sustente momentamente os que perderam as suas fontes de rendimento pode ser assim compatível com a ordem do mercado porque ao operar apenas como linha última de suporte não destrói as posições relativas entre os indivíduos, e logo, mantém em aberto as possibilidades e incentivos para que cada um dê o seu melhor. Alguns pensadores têm ponderado que mais valia até que este apoio fosse incondicional e igual para todos[66]. Deste modo, segundo esta linha, se diminuiria a burocracia estatal, a injustiça na atribuição dos benefícios do Estado e ainda se contribuiria para o aumento geral da competitividade, porque ao ser "incondicional", este apoio poderia ser somado a um qualquer emprego ou trabalho, cujo impacto no produto é sempre positivo.

De facto, um Estado liberal não tem favoritos pelo que vai aplicar a lei de forma igual, quer dizer, o Estado liberal trata os indivíduos como iguais

[63] Nozick, Robert, "Distributive Justice" (C. 7), in *op. cit*, pp. 149-231.

[64] Cf. Spencer, Herbert, *The Man Versus The State – With Six Essays on Government, Society, and Freedom*, Indianapolis, Liberty Fund, 1982 (1ª ed. 1884).

[65] Cf. Hayek, Friedrich August, *Law, Legislation and Liberty – The Mirage of Social Justice...*, p. 87.

[66] Cf. van Parijs, Philippe, *Real Freedom for All – What (if anything) can justify capitalism*, Oxford, Oxford University Press, 1971, pp. 35-44.

entre si. Em certo sentido, o Estado liberal é verdadeiramente igualitário; efeito ainda mais claro se pensarmos na importância que dá à igualdade perante a lei[67]. Pelo contrário, um Estado socialista trata os indivíduos de maneira diferenciada, obrigando, por exemplo, uns a pagarem mais impostos que outros. Ora, para os liberais, o Estado socialista, ao tratar as pessoas de maneira diferenciada, está a assumir que existe uma certa diferença entre as pessoas. O socialismo é que é, neste sentido, contrário à igualdade.

Concluindo: para os liberais, um Estado que queira justiça distributiva, ou que regule a economia, arrasta-nos no "caminho da servidão", para usar o título do mais conhecido livro de Hayek. Para os liberais, é na servidão que em breve acordaremos. A regulação das atividades económicas por parte do Estado é assim absolutamente injusta e imoral. Um Estado que possa de alguma forma tocar nas atividades privadas das pessoas é um Estado antiliberal. E num Estado antiliberal ninguém conseguirá gerar valor, pelo que apenas se acumularão dívidas. Para os liberais, um país com dívidas vai perdendo a soberania e, a prazo, a paz.

Esta tendência de crescimento inevitável do Estado, corroborada por todos os estudos sobre o peso do Estado no século XX, tem feito alguns liberais extremar a sua posição e rejeitar a existência de qualquer Estado. São disso exemplo correntes intelectuais como o libertarismo radical e o anarco-capitalismo. Estas formulações ideológicas, sendo embora liberais, têm esquecido a dimensão moral do liberalismo e por isso parecem cometer o erro dos seus inimigos: imaginam regimes políticos com base meramente especulativa ou de fundamento estritamente racional. Tanto provam uma coisa, como poderiam ter provado o seu contrário. Rejeitam por isso o contributo de Adam Smith (casos de Rothbard[68], Salim Rashid[69]) e afastam o liberalismo desta ideia de virtude. Para os liberais, os libertários têm o mérito de pensar que o Estado dificulta a prosperidade, o que *pode* ser verdade, mas têm o demérito de pensar que a ausência de Estado os resolve só por si, o que *pode* não acontecer.

[67] Cf. Espada, João Carlos, *Direitos sociais de cidadania: uma crítica a F. A. Hayek e Raymond Plant*, Lisboa, Imprensa Nacional Casa da Moeda, 1997, C. 1, parte 10.

[68] Cf. Rothbard, Murray N., *Economic Thought Before Adam Smith – An Austrian Perspective on the History of Economic Thought*, Northampton, Edward Elgar Publishing, 1995.

[69] Cf. Rashid, Salim, *The Myth of Adam Smith*, Northampton, Edward Elgar Publishing, 1998.

Liberais com outros enviesamentos afirmam, por seu turno, que o capitalismo, tal como o socialismo, se despoleta por um certo egoísmo[70]; admitindo ainda assim que este efeito poderá ser corrigido e disciplinado somente no capitalismo, pelas repetições das operações e ações do próprio mercado em si, e logo, levar os homens à virtude, tal como argumenta Fukuyama[71]. Note-se que, assim sendo, seria sempre uma *virtude iniciada por interesse próprio,* contudo[72]. Casos ainda mais extremos, como em Ayn Rand, apontam na possibilidade do egoísmo constituir uma virtude dada a inevitável centralidade que a nossa própria vida representa para nós mesmos[73]. Estes contributos não deixam de ser liberais em certa medida, mas podem não ter presentes a verdadeira virtude em que se baseia o liberalismo.

## IV. A Virtude do Liberalismo

Tratar-se-á aqui dessa fina linha entre virtude e liberalismo. O liberalismo, tal como foi já intuído, será resultado de um ambiente geral onde a conveniência e a sensatez são tão básicas como o ar que se respira. A sua virtude é a sua base: o autocontrolo. E, de novo, repito: no domínio económico ela traduz-se por parcimónia. Alexis de Tocqueville afirma que quanto mais o controlo vem de dentro, menos precisará de vir de fora: o liberalismo foi-se apercebendo disso. Este autor elencou precisamente os problemas inerentes ao avanço do materialismo e da gratificação instantânea[74].

Não são só os monges em Florença a fazer votos de pobreza, o liberalismo também precisa do impulso firme da frugalidade como regra de conduta. *Thrift*: uma feliz expressão inglesa sem tradução para o português é virtude tão moral quanto económica e liberal[75]. *Thrift* é frugali-

[70] Cf. Friedman, Milton, *Capitalism and Freedom,* Chigago/Londres, The University of Chicago Press, 1962.

[71] Cf. Fukuyama, Francis, *Trust: The Social Virtues and the Creation of Prosperity,* Nova Iorque, The Free Press, 1995.

[72] Para uma discussão sobre o assunto, ver, por exemplo, Hirschman, Albert O., *The Passions and the Interests – Political Arguments for Capitalism before its Triumph,* New Jersey, Princeton University Press, 1997 (1ª ed. 1977).

[73] Cf. Rand, Yan, *The Virtue of Selfishness,* Nova Iorque, Dutton - Signet, 1992 (1ª ed. 1964).

[74] Cf. Espada, João Carlos, "Prefácio à edição portuguesa", in Toqueville, Alexis de, *Da Democracia na América,* , Princípia, 2001 (1ª ed. 1835); cf. Toqueville, Alexis de, *op. cit.,* II, II, xiii.

[75] Cf. Malloch, Theodore R., *Thrift: Rebirth of a Forgotten Virtue,* Nova Iorque, Encounter Books, 2009.

dade-inteligente de quem é precavido hoje e investe no futuro com força, o que obriga ao levantamento do olhar. Ao desencorajar o consumo presente por razões morais e por razões económicas, o liberalismo obriga ao controle das paixões, leva à poupança e tenta nunca recorrer ao crédito. O liberalismo é pensamento e ação a longo-prazo. Para os liberais, estes comportamentos levam, sistematicamente, ao sucesso individual de quem os praticar[76], embora não o possam garantir para cada caso em particular. Num certo sentido, pode aqui haver uma componente relativa a instituições consideradas burguesas[77]. Aliás, ao contrário da atual crença popular, o liberalismo ou o capitalismo são sim, precisamente, o contrário do consumismo. Dizer que o capitalismo fomenta o desejo pelo consumo e pela gratificação imediata, que nos pode arrastar para o niilismo moral, não é uma asserção liberal, mas sim conservadora[78]. Para os liberais, o liberalismo é moralmente aceitável e acabará ainda, certamente, por ser um sistema justo.

Assim se dá o passo mais importante do Iluminismo Escocês: a noção contagiante da simpatia e sua moralidade *decorrente*. Ou seja, a ideia de agirmos tendo em conta o outro, mesmo que inconscientemente, e de que entrar naquilo que ele sente é um movimento, talvez automático, que fomenta uma dose de boa vontade.

Ações totalmente desinteressadas, tal como defendidas pelo Professor de Smith, Francis Hutchenson[79], talvez sejam normais entre santos ou no céu. Na terra, em boa verdade, o liberalismo acaba por estar assente num *certo* interesse próprio. A questão, porém, é que este já tem de ter em conta o outro – e por isso não é totalmente autocentrada. A formulação do *interesse* entra através da *simpatia* no mundo do outro: pode estar mais próxima

[76] Cf. Smiles, Samuel, *Self Help; with Illustrations of Character and Conduct*, Boston, Ticknor and Fields, 1863 (1ª ed. 1859).

[77] Cf. Mccloskey, Deirdre N., *The Bourgeois Virtues*, Chicago, The University of Chicago Press, 2006.

[78] Ver Bell, Daniel, *The Cultural Contradictions of Capitalism*, Nova Iorque, Basic Books, 1996 (1ª ed. 1976) e Kristol, Irving, *Neoconservatism: The Autobiography of an Idea*, Nova Iorque, The Free Press, 1995.

[79] Ver Hutcheson, Francis, *An Essay on the Nature and Conduct of the Passions and Affections, with Illustrations on the Moral Sense*, ed. A. Garrett, Indianapolis, Liberty Fund, 2002, ou Hutcheson, Francis, *An Inquiry into the Original of our Ideas of Beauty and Virtue*, ed. W. Leidhold, Indianopolis, Liberty Fund, 2004.

daquilo que designamos por prudência do que do egoísmo[80]. Prudência, porque por natureza somos levados a cuidar de nós primeiro. Antes de tudo mais, somos animais, queremos a nossa autoproteção. Este instinto é lei natural[81], este impulso é o nosso mais profundo desejo[82]. Mas distinguimo-nos dos irracionais pela necessidade que temos uns dos outros: seremos sempre "dependentes" uns dos outros, mesmo em adultos, diz Adam Smith. Nós não sabemos fazer senão uma ínfima parte daquilo de que retiramos bem-estar. O simples "casaco" que temos no armário representa a combinação dos esforços e das artes de milhões de homens que trabalharam para nós, sem o saber. Pela Divisão do Trabalho enriquecemos brutalmente: dispomos das atividades não de 10 ou de 10.000 escravos[83], mas sim do trabalho produtivo – porque livre – de toda a humanidade ao mesmo tempo. Aliás, se pedíssemos aos "nossos" 10.000 escravos que nos fizessem o tal velho casado, que o português mais pobre tem no armário, eles não conseguiriam reproduzi-lo. Ninguém, em particular, conseguiria: todos precisam de elementos que teriam de ir buscar a outros, numa combinação infinita de esforços e artes. Conciliar todos os interesses de forma harmoniosa ocorrerá como que se os agentes fossem tocados por uma "mão invisível"[84]. O trabalho tornou-se assim verdadeiramente produtivo porque livre, porque ninguém o teve de perceber ou autorizar, porque está dividido, porque é especializado e ainda porque explora a sua vantagem comparativa[85]. O trabalho produtivo tem facilitado o mais ardente anseio do homem: "ir melhorando a sua condição"[86].

É por ansiar este melhoramento de condições que regateamos, isto é, que jogamos o jogo do mercado. Muito simplesmente: vender a quem dá

[80] Cf. Witztum, Amos, "A study into Smith's conception of the human character: Das Adam Smith Problem revisited", in *History of Political Economy*, vol. 30, no. 3, Durham, Duke University Press, 1998, pp. 489-513.

[81] Cf. Tomás de Aquino, *op. cit.*, I-II, q. 94.

[82] Ver Hobbes, Thomas, *On the Citizen*, ed. R. Tuck, Cambridge, Cambridge University Press, 1998 (1ª ed. 1642, 1647), ou Hobbes, Thomas, *Leviathan, or The Matter, Form, & Power of a Common-wealth Ecclesiastical and Civil*, ed. R. Tuck, Cambridge, Cambridge University Press, 1996 (1ª ed. 1651).

[83] Cf. Smith, Adam, *...the Wealth of Nations...*, I, ii.

[84] *Idem, ibidem*, IV, ii, § 9.

[85] Cf. Ricardo, David, *The Works of David Ricardo*, ed. J.R. McCulloch, Londres, John Murray, 1888 (1ª ed. 1846).

[86] Smith, Adam, *...the Wealth of Nations...*, II, iii, § 28.

mais e licitar a quem pede menos. E pode dizer-se que desenvolvemos as funções da racionalidade e da argumentação, precisamente, para facilitar as trocas. Keynes disse que apenas por mero acaso teria o mundo sido concebido para que todos os interesses se conciliassem em harmonia[87]. Adam Smith explicou que no princípio da coordenação está um dispositivo automático que nos impele a sentir quase o mesmo o que o outro está sentir pela imaginação: a simpatia. Isso basta para que não olhemos os nossos interesses sem automaticamente fazermos atualizações tendo em conta os planos dos outros de forma dinâmica. Ainda contra Keynes, Hayek explicará como se processa o ajustamento de informações que faz com que todos os interesses sejam efetivamente coordenáveis, se ninguém os tentar coordenar, pela maneira como vamos ajustando os nossos planos tendo em atenção os planos individuais dos outros[88]. Esta forma de querer mais é o nosso amor-próprio, sentimento "que nunca nos larga" e que somos nós mesmos "desde o útero até à sepultura"[89]. Para os liberais, a Natureza tinha de conhecer o impulso que em nós registou. A Natureza tinha de saber a natureza que em nós imprimiu. O amor-próprio e o comércio são-nos Naturais, são cada um de nós em nós mesmos e nos outros, ao mesmo tempo. Ambos acabam por nos dar aquilo que nós, pela razão, exigiríamos: que todos se sentissem bem. Ao acreditar deste modo na natureza, os liberais podem ser vistos como Deístas[90]. Pelo que, ao tentarmos modificar depois os resultados da Natureza, através da razão, estaremos, na sua opinião, a usar um fraco e altamente falível dispositivo (a nossa razão) contra o ímpeto esmagador da Natureza, que tudo arrasta. Talvez por isso os liberais afirmem que não vale a pena preocuparmo-nos muito com Ela: o bem-estar estará a ser distribuído quase equitativamente, como que se fosse levado por uma *outra* "mão invisível"[91].

A virtude é fazer bem ao próximo, por vezes dar-lhe o que ele gosta, por exemplo, sendo benevolente e generoso. E claro que esse bem pode ser dar-lhe um "jantar" – nem que para isso se tenha de recorrer a um

[87] Cf. Keynes, John Maynard, *The End of Laissez-Faire*, Santa Monica, BN Publishing, 2009 (1ª ed. 1926).

[88] Cf. Hayek, Friedrich August, *Individualism and Economic Order*, Chicago, The University of Chicago Press, 1948, C. II e C. IV.

[89] Smith, Adam, *...the Wealth of Nations....*, II, iii.

[90] Raphael, D. D., *Adam Smith*, Oxford, Oxford University Press, 1985.

[91] Smith, Adam, *The Theory of Moral...*, IV, I, § 10.

impulso mais forte que nos ajude: o interesse próprio. Quando a benevolência sozinha não chega, o *interesse* quase que a substitui. Por isso mesmo é que o reconhecido Professor de Filosofia Moral de Glasgow deixou claro: "Não é da benevolência do talhante, do cervejeiro e do padeiro, que *esperamos* o nosso jantar, mas do cuidado que estes têm com o seu interesse"[92]. Dizendo com isto exatamente o que lá está escrito: que a benevolência, esse ideal supremo e sublime, não tem pujança para encher sozinha, *por si própria,* as prateleiras dos supermercados. Mais: não devemos *esperar* pela benevolência porque isso seria compelir uma requintada ação a tornar-se mecânica e banal. Pela sua excelência vem a sua raridade: a boa vontade deve ser surpreendente. Mas até pode ser da benevolência do talhante, do cervejeiro e do padeiro que surpreendentemente se combinem as artes para que, em geral, possamos mesmo jantar. Esta ação moral mais elevada é atributo de uma bondade raríssima entre os homens, a tal virtude, e que assim sendo deve ser sempre absolutamente voluntária.

Mas na verdade, e neste caso, até o é. O talhante, o cervejeiro e o padeiro não conhecem a quem estão a servir o jantar. Eles tentam apenas vender o seu produto. Ao derramar bem-estar sobre quem desconhecem, os talhantes, os cervejeiros e os padeiros não esperam a gratidão do seu consumidor final. Eles estão a servir, literalmente, *a servir* desconhecidos, que nunca lhes agradecerão. A pedra de toque que nos leva a servir desconhecidos é uma profunda humildade, generosidade e sabedoria. O *interesse* fez com que o bem pelo bem fosse possível: estas ideias desenvolvidas em *A Riqueza das Nações* mostram bem como este é um livro de filosofia moral escrito por um aluno de Francis Hutchenson.

Lembre-se, tal como nos lembra Schumpeter, que o capitalista não é o senhor feudal ou o cavaleiro de armas que pela sua força exigia vassalagem e respeito[93]. Os empresários não *esperam* nada, são racionais e pacifistas. Os preços obtidos pelo seu produto, expressos em dinheiro, não são por si escolhidos, a sua determinação está fora do seu alcance, e, melhor que isso, eles nunca poderão infringir a nossa dignidade ou exigir a nossa gratidão. Talvez por isso, por ser um sistema em que quem faz bem não *espera* nada em troca, José Ortega y Gasset tenha dito o que disse: "O Liberalismo

[92] Smith, Adam, ...*the Wealth of Nations* ..., I, ii, § 4, (itálico meu).

[93] Cf. Schumpeter, Joseph A., *Capitalism, Socialism and Democracy*, Nova Iorque, Harper & Brothers, 1942, C. XI-XIV.

é a forma suprema da generosidade; é o direito que a maioria concede às minorias e daí o mais nobre clamor que alguma vez apareceu no planeta"[94]. Para os liberais, é intrigante que depois de termos sistemas esclavagistas e feudais, baseados no chicote, na servidão absoluta e nos mais baixo desrespeito pela condição humana, tenha sido o capitalismo – o primeiro sistema a garantir a liberdade no trabalho, a liberdade de aquisição, e, a garantir a inviolabilidade de todos os seres humanos – a ir parar ao banco dos réus e a ter sempre que se justificar moralmente.

Para os liberais, os intelectuais[95] e os jornalistas têm tido um papel desconcertante neste domínio permitindo que se perpetuem e que se espalhem mitos absolutamente falsos. Também para Schumpeter, a verdade escapa-lhes absolutamente: o capitalismo é a única fonte que tem permitido aos pobres melhorarem gradualmente a sua condição. Mais: aquilo que o capitalismo representa não significa rigorosamente nada para os mais ricos.

O capitalismo é mercado aberto a todos e que não permite a ninguém a dominância, funciona até como "ameaça permanente"[96], algo que não dá descanso ao capitalista. Este, se tentar vender acima dos custos marginais, que seriam resultantes da concorrência, não vai chegar sequer a conseguir escoar os produtos porque outros saltarão imediatamente para dentro do mercado, vendendo ligeiramente abaixo, e assim destruindo criativamente as suas pretensões. O capitalismo é disciplina e moderação em movimento, é apostar na inovação e no embaratecimento constante de todos os bens. Capitalismo afinal é encharcar os mercados com milhões de fatos baratos feitos em larga escala e que podem ser usados por todos, não é fato de estilista feito à medida pelo alfaiate, para ser usado pelo rico. Pela sua maneira de operar é um sistema de produção em massa e para as massas. As famosas linhas de Schumpeter devem ser aqui recordadas: "A Rainha Elizabeth tinha meias de seda. A conquista capitalista não consiste tipicamente no fornecimento de mais meias de seda para rainhas, mas sim em colocá-las ao alcance das raparigas operárias, em troca de cada vez menos quantidades de esforço"[97].

[94] Ortega y Gasset, José, "La Rebelión De Las Masas", in *Obras de José Ortega Y Gasset*, Madrid, Espasa Calpe, 1932, pp. 1063-1178.

[95] Cf. Hayek, Friedrich August, "The Intellectuals and Socialism", in *Studies in Philosophy, Politics, and Economics*, Chicago, The University of Chicago Press, 1967.

[96] Schumpeter, Joseph, *op. cit.*, p. 85.

[97] *Idem, ibidem*, p. 67.

Que existem dificuldades em perceber o capitalismo é sublinhado também por Margaret Thatcher, no seu *Statecraft*[98]. Para além de seguir em termos gerais a argumentação de Adam Smith e em Hayek, ela adianta a tese de que o capitalismo constitui ainda um reforço da individualidade e da heterogeneidade, mesmo em termos culturais. O capitalismo promove uma sociedade de diversidade e variedade. O seu contributo é interessante porque poucos foram os políticos que abraçaram o que aqui se entende por liberalismo. Não está totalmente errado situar os governos de Margaret Thatcher e de Ronald Regan, *grosso modo*, neste grupo de liberais. Contudo, note-se que nem um nem outro se apelidariam de liberais, o que intrinca este apontamento. Ainda assim, esta coligação anglo-americana abarcou parte do desafio intelectual proposto pelo liberalismo.

Claro que nem Thatcher conseguiu de facto aliviar o crescente peso do estado na economia britânica[99], o que apenas corrobora e dá força à ideia de que o nosso caminho é mesmo o da servidão. Ainda assim, conseguiu baixar, em geral, as taxas de tributação, e, noutros casos, tributar de forma mais nivelada para obter ganhos de eficiência e competitividade. O discurso deste liberalismo pautou-se por passar a ideia de que os indivíduos e suas famílias importam muito mais do que o coletivo e o Estado. Ao tentar diminuir o volume de bens fornecidos pela autoridade central, o seu governo apontava apenas para um ressurgimento da iniciativa privada, da qual o crescimento económico sempre depende.

Mas os liberais são muitas vezes levados a ter de sublinhar alguns aspetos dos governos ingleses da época vitoriana, para terem um leve exemplo daquilo que pode ser um governo liberal na prática. Vários autores mencionados têm traços de vitorianismo[100]. E, se se verificar o embate destas ideias em termos económicos, os governos durante a vigência da Rainha Vitória são sob muitos aspetos imbatíveis: as taxas de crescimento económico obtidas a partir de 1870 foram incomparavelmente superiores às dos séculos anteriores[101]. Os salários reais dessa época foram os maiores de

[98] Cf. Thatcher, Margaret, "Capitalism and Its Critics" (C. 11), in *Statecraft – Strategies for a Changing World*, Londres, Harper Collins Publishers, 2002 (este livro foi estranhamente traduzido para português por *A Arte de Bem Governar*).

[99] Cf. Riddell, Peter, *The Thatcher Era – And Its Legacy*, Oxford/Cambridge, Blackwell, p. 128.

[100] Cf. Himmelfarb, Gertrude, *Victorian Minds – A Study Of Intellectuals in Crisis and Ideologies in Transition*, Chicago, Elephant Paperbacks, 1995 (1ª ed. 1952).

[101] Cf. Ferguson, Niall, *The War Of The World – Twentieth-Century Conflict and the Descent of the West*, Nova Iorque, Penguin Books, 2006, p. xxxv.

sempre: um professor universitário na Escócia em 1880 podia facilmente ganhar, anualmente, £600, equivalente ao valor de uma casa com 6 assoalhadas. Os preços da alimentação desceram, em todo o mundo, entre 1870 e 1900. A população passou de 150 milhões, em 1800 para 400 milhões em 1914[102]. O grau de integração económica entre 1870 e 1914 foi dos maiores de sempre, ajudado pelo padrão-ouro[103]. Como bem recordou Keynes, um londrino podia, sem sair da cama e pelo telefone, comprar tudo em qualquer país, e a entrega era feita à porta da sua casa. Podia-se viajar sem passaporte por praticamente todo o mundo[104].

Conforme sublinha Andrew Roberts, a expansão da ideia de empresa com responsabilidade limitada (que, diga-se, começava atividades sem ter de ter um propósito especificado) foi a energia que levou ao crescimento inigualável dos Estados Unidos na viragem para o século XX. Entre 1844 e 1862, por exemplo, o crescimento dos EUA foi em exponencial, e desde então até ao virar do século manteve-se a níveis impressionantes. Os impostos eram na altura insignificantes e o americano médio tinha automóveis ao seu alcance em 1903. Mais tarde, em 1925, bastavam já uns escassos meses para que qualquer operário da Ford fosse dono do seu Modelo T, acabadinho de sair ao preço de $260. Sobre este preço expresso em valores actuais os números dispensam comentários: quinze milhões de carros vendidos[105]. Mas, para evitar efeitos da destruição criadora, a Ford vai mais longe e lança o Modelo A, em 1928, reclamando em troca ainda menos tempo de trabalho.

## V. Conclusões

O liberalismo é assim uma doutrina política que defende a generosidade – num sistema liberal até se pode esperar, de facto, um jantar –, estando também mais próxima da *verdade*: maximiza a informação porque deixa cada um usar o melhor da sua, e abarca até os conhecimentos pessoais não

[102] Cf. Davies, Norman, *Europe – A History*, Oxford, Oxford University Press, 1997, p. 781.

[103] Cf. Eichengreen Barry, *Globalizing Capital – A History of The International Monetary System*, New Jersey, Princeton University Press, 1996.

[104] Cf. Keynes, John Maynard, *The Economic Consequences Of Peace*, Nova Iorque, Skyhorse Publishing, 2007 (1ª ed. 1919), p. 5.

[105] Cf. Roberts, Andrew, *A History of the English-Speaking Peoples Since 1900*, Nova Iorque, Harper Perennial, 2006, pp. 39-41.

verbalizáveis, tais como a sagacidade, porque permite a sua utilização sem que ninguém a tenha de compreender.

O liberalismo é a única doutrina que tem na sua génese de denominação a própria palavra liberdade (*Liberal* + ismo). Mas o liberalismo não é, ainda assim, "*o*" melhor regime. Se fosse, estaria a admitir que cabe ao homem conhecer e promover um regime de perfeição, "o melhor". Ora, o liberalismo implica, como vimos, a presunção contrária: somos imperfeitos, falíveis e ignorantes. Por isso o liberalismo é, e deve ser, "céptico"[106] em relação à sua própria superioridade.

Para os liberais, o liberalismo é efetivamente bom, rejeitando falsas morais. O liberalismo não é bem hedonista, nem é bem epicurista[107]. Tem dificuldades em lidar com uma dimensão utilitarista que por vezes lhe é incómoda, mas que é partilhada por alguns liberais. Quanto muito cria as condições para que cada um tente a sua sorte em ser feliz, mas não garante a felicidade. Quando a Declaração de Independência Americana de 1776 diz que abona a "Vida, a Liberdade e a Propriedade", defende os valores basilares a proteger pela política, para os liberais. Quando a expressão se alterou para "Vida, Liberdade e busca da felicidade", a palavra mais importante passou a ser *busca*. Um Estado liberal sabe que a política pode pouco no que diz respeito à felicidade. Não só porque cada um tem ideia diferente no que diz respeito à *sua* felicidade mas acima de tudo porque a felicidade envolve sempre uma faísca de paixão que nenhum governo pode despoletar, com sinceridade, em ninguém.

## Bibliografia essencial

Aquino, São Tomás De, *Suma Teológica*, Ia Iiae, IIa IIae, ed. bilingue, 16 vols, coord. Fr. Jesus M Pla Castellano, Madrid, B.A.C., 2009 (1ª ed. 1269-1271);

Espada, João Carlos, *Ensaios sobre a Liberdade*, Princípia, Cascais, 2002;

Espada, João Carlos, *A Tradição Anglo-Americana Da Liberdade*, Princípia, Cascais, 2008;

Hayek, Friedrich August, *The Constitution of Liberty*, Londres, Routledge & Kegan Paul Ldt, 1960;

Hobbes, Thomas, *On the Citizen*, ed. R. Tuck, Cambridge, Cambridge University Press, 1998 (1ª ed. 1642, 1647);

[106] Oakeshott, Michael, *The Politic of Faith and the Politics of Scepticism*, ed. Timothy Fuller, New Haven/Londres, Yale University Press, 1996.

[107] Cf. Force, Pierre, *Self-Interest Before Adam Smith – A Genealogy of Economic Science*, Cambridge, Cambridge University Press, 2003.

HUME, David, *Essays Moral, Political and Literary*, ed. Eugene F. Miller, Indianapolis, Liberty Fund, 1985;

LOCKE, John, *Two Treatises of Government*, ed. Peter Laslett, Cambridge, Cambridge University Press, 2003 (1ª ed. 1690);

MONTESQUIEU, Charles-Louis Barão de, *Do Espírito das Leis*, ed. Miguel Morgado, Lisboa, Edições 70, 2011 (1ª ed. 1748);

NOZICK, Robert, *Anarchy, State and Utopia*, Oxford, Basil Blackwell, 1974;

OAKESHOTT, Michael, *Rationalism in politics and other essays*, Indianapolis, Liberty Fund, 1962;

POPPER, Karl, *The Open Society and Its Enemies, Vol. 2 – The High Tide of Prophecy: Hegel, Marx and The Aftermath*, Londres, Routledge & Kegan Paul, 2008 (1ª ed. 1945);

HAMILTON, Alexander; MADISON, James; JAY, John, *The Federalist Papers*, The Gideon Edition, Indianapolis, Liberty Fund, 2001 (1ª ed. 1788);

SCHUMPETER, Joseph A., *Capitalism, Socialism and Democracy*, Nova Iorque, Harper & Brothers, 1942;

SMITH, Adam, *An Inquiry into the Nature and Causes of the Wealth of Nations*, in *Glasgow Edition of the Works and Correspondence of Adam Smith*, vol. II, eds. R. H. Campbell e A. S. Skinner, Indianapolis, Liberty Fund, 1981 (1ª ed. 1776).

# Conservadorismo

JOSÉ TOMAZ CASTELLO-BRANCO*

O conservadorismo é uma ideologia atípica. A ciência política tende a definir classicamente uma ideologia como um sistema coerente de princípios, valores e crenças, desenvolvido racionalmente, que funciona como elemento agregador de uma determinada comunidade, orientador da sua acção política e, no limite, conformador da sua própria visão do mundo. Uma ideologia, qualquer que ela seja, comporta sempre uma dimensão de desejabilidade, um horizonte mais ou menos longínquo que pretendemos alcançar. A matriz referencial de uma ideologia mantém-se como um corpo doutrinário que guia a acção política com vista a alcançar um qualquer resultado previamente antecipado no plano das ideias. Ora, o conservadorismo caracteriza-se precisamente como a atitude que, por defeito, desconfia dessa forma de pensar a política. Por isso mesmo, não raras vezes, o conservadorismo é apresentado mais como anti-ideologia que como ideologia. As principais ideologias clássicas, nascidas do Iluminismo, tendem a orientar a sua acção em função de um qualquer ideal em torno do bom, do justo ou do verdadeiro. Estas ideologias orientam-se em função do fim que traçaram. A posição conservadora, pelo contrário, parte sempre da realidade que se lhe oferece. E é a partir dela, é a partir de uma determinada situação particular, que procurará trilhar o melhor caminho;

* Professor Auxiliar Convidado de Ciência Política do Instituto de Estudos Políticos da Universidade Católica Portuguesa e na Universidade da Beira Interior.

caminho esse que será orientado não pela finalidade sonhada, mas antes pelo conhecimento concreto da experiência vivida.

Também por esta mesma ordem de ideias, o conservadorismo é mais facilmente concebível de forma negativa que de forma positiva. Isto é, torna-se mais fácil, e porventura mais seguro, apontar o que ele não é, ao invés de procurar definir o que ele é. No seu sentido mais estrito, o conservadorismo tende, como a própria palavra indica, a conservar, a preservar. Um traço elementar a qualquer posição conservadora é a sua desconfiança perante a ideia segundo a qual a sociedade pode ser objecto da aplicação de um plano. Esta é a ideia que identifica formalmente as principais ideologias da contemporaneidade, do liberalismo ao comunismo – muito embora, obviamente, estas se distingam no conteúdo e na finalidade das suas propostas. É esta desconfiança fundamental que, como veremos, assume principal relevância. E talvez por essa mesma razão, não seja de estranhar que encontremos nas posições conservadoras elementos de intersecção com essas outras ideologias.

Um conservador poderá até ter dificuldade em ter consciência da sua identidade política, se a entendermos como resultado de uma filiação ideológica. Ele não tem um credo político. Muito menos um credo partilhado. Terá até dificuldade em reconhecer os seus correligionários. Contrariamente aos liberais ou aos socialistas, não é frequente assistirmos à reunião dos conservadores em torno de um propósito comum. Pelo contrário, é muito mais o inimigo que os agrega e faz reagir. Daí o espírito paroquial e reaccionário que é natural a esta forma de pensar a política. Como Roger Scruton bem o identifica: "o conservadorismo (...) é caracteristicamente inarticulado" e, "só ganha consciência de si mesmo quando é forçado a fazê-lo". Pelo que, pensar o conservadorismo não será um "exercício em filosofia política, mas antes um exercício em dogmática política"[1].

## I. Breve Génese Intelectual

No quadro da modernidade europeia, a génese do conservadorismo torna-se perceptível com os partidos que se começam a organizar por reacção, ou resistência, às revoluções liberais – primeiro em Inglaterra e depois, quase simultaneamente, na América e em França. Também por isso, e não incorrectamente, os partidos mais progressistas tendem a identificar os

[1] Scruton, Roger, *The Meaning of Conservatism*, St. Augustine's Press, 2012, p. 10.

conservadores com o Antigo Regime. É neste tipo de ambiente, de reação, de resistência, que se forma o partido *Tory*, na Inglaterra de seiscentos, ou o partido da Restauração, na França pós-revolucionária. Já no outro grande cenário de revolução liberal, na América do último quartel do séc. XVIII, não se assiste à formação de um partido propriamente conservador porque, muito provavelmente, nunca terá existido no "novo mundo" um verdadeiro Antigo Regime – e, talvez por isso mesmo, ainda hoje o "rótulo" do conservadorismo não seja facilmente aplicável ao pensamento político produzido do outro lado do Atlântico.

Do mesmo modo, e para além do plano historiográfico, também no campo ideológico, o conservadorismo tende a afirmar-se por oposição, ou mesmo por reacção. Neste caso às duas grandes ideologias que nascem do Iluminismo: liberalismo e socialismo. A bandeira comum a estas duas ideologias é a mesma que, embora em sentido contrário, tende a agregar os conservadores – apesar da sua natural tendência para a excentricidade. Essa bandeira é a do progresso. As teses progressistas interpretam a história da humanidade de acordo com a sua própria narrativa e acham-se capazes de avançar os capítulos subsequentes dessa mesma história, quando não mesmo desvelando o capítulo final. E, para tal, oferecem-nos um guião, um programa, um código de conduta, um corpo normativo. É o destino – e não a situação presente – que lhes serve de referência.

Um liberal é um liberal independentemente das circunstâncias. O mesmo se diga de um socialista. Frutos do racionalismo da modernidade europeia, tanto um como outro têm no seu código genético uma informação universalista, pois o que identifica a humanidade é precisamente aquilo que lhe é, simultaneamente, próprio e comum: a razão. E esta, tal como a própria ideia de verdade que a orienta, não é condicionável nem pelo espaço, nem pelo tempo.

Um conservador é sempre alguém radicalmente situado. A abstracção do indivíduo atomizado pelo liberalismo ou desenraizado pela construção da sociedade socialista, provoca-lhe o maior desconforto. A pessoa humana é, por definição, uma existência concreta e situada, numa família, numa língua, numa história, numa cultura, numa visão do mundo em que é simultaneamente sujeito passivo e activo de formação.

## II. Pertença, Comunidade, Nação

Mais importante que a definição da ortodoxia ideológica é a questão fundamental da pertença. E, para o conservador, a pertença não resulta de uma deliberação do agente racional e autónomo. Qualquer escolha que ele faça, no momento em que se julgar capaz de o fazer, será sempre condicionada por uma pertença que antecede a sua tomada de consciência de si próprio. Antes de o sujeito ter consciência da sua própria identidade, ele pertence a uma família, a uma língua, a uma cultura.

Por isso mesmo, a par com a família, a ideia de nação, entendida como espaço familiar extensivo, é essencial ao conservadorismo político. E talvez não por acaso o conservadorismo enquanto ideologia política começa a afirmar-se em estreita ligação com os nacionalismos que nascem dos movimentos românticos da Europa de oitocentos. O conservador não é o indivíduo liberal, nem o trabalhador nazi nem o proletário comunista. Qualquer uma destas ideologias é capaz de elevar e sobrelevar o sujeito. O conservadorismo não. O sujeito só o é enquanto parte de um todo. Ninguém é um indivíduo. Enquanto indivíduo nada distingue um português de um inglês ou de um japonês. Mas ele é o que é. Quer queira quer não. E o que ele é não depende inteiramente da sua escolha. Mais ainda: aquilo que ele é existe para além dele. Já existia antes dele e existirá depois dele.

Daí a importância singular dos poetas. E todas as grandes nações dignas do nome identificam-se com poetas. São eles que trazem na mão a alma de um povo, como dizia Herder[2]. No seio de um povo o sujeito simultaneamente forma e é formado. A nação vive. Tem uma existência. Que se espelha nele e que ele espelha. Como qualquer organismo vivo, a nação cresce adoece e vive atormentada pela sombra da sua morte.

A pessoa humana nasce e é formada numa comunidade de vida. A comunidade é forma da pessoa que, por seu turno, será formão da comunidade. O antigo enunciado aristotélico do *zoon politikon* é aqui recuperado. A existência humana tem tanto de natural como de político, social, cultural. Neste sentido o vocábulo humano é identificado com o político. O "ser" nada é senão no todo que o forma e em que é formado. É nesta premissa que se funda a valorização do sentimento de pertença a um grupo ou a uma cultura. O filósofo alemão Johann Gottfried Herder foi um dos

[2] Cf. Herder, Johann Gottfried, *Sämmtliche Werke*, Bernhard Suphan, Berlin, Weidmann, 1977-1913, vol. VIII, p. 433.

primeiros a intuir este prenúncio de nacionalismo, precisamente porque o que é particular só pode ser visto no, e através do, todo: "Se encostas os olhos ao quadro e se o recortas nesse ponto, se te pões a dissecar esse pequeno agregado de tinta, nunca verás a totalidade do quadro... Verás tudo menos o quadro!"[3].

Em consonância com as convicções generalizadas na Weimar do seu tempo, é claro o apego de Herder à noção de *Volkstum* – à ideia de nacionalidade, à crença nos laços que unem um determinado grupo de pessoas com uma memória colectiva, com uma história e língua comuns, normalmente associados num território circunscrito. Aqui, a noção de pertença é vista não numa perspectiva isolada, passiva e estática, mas dinâmica, activa e necessariamente inserida num todo social. E, não só o indivíduo não é concebível fora de um grupo ou cultura, qualquer que seja, como todos os grupos, todas as culturas, são tomados como portadores de determinados padrões agregadores centrais, eles próprios dinâmicos, que tornam possível a sua identificação interna e distinção face às demais. Ora são precisamente estes padrões os constituintes fundamentais do centro vital, do *Schwerpunkt*, de cada cultura.

O que daqui resulta valorizado é a nação e não o Estado moderno – que Herder associa a artificialismo, a dirigismo e centralização. Tal como a natureza gera pessoas, também gera nações. O Estado não é mais que uma construção das abstracções racionalistas, tal como o indivíduo o é. Abstracções que conduzem os homens à sua própria alienação e desumanização. O mecanicismo, intrínseco ao racionalismo, tornou o Estado numa "máquina [que] perdeu o gosto pela vida, pela acção, o gosto de viver humanamente, com nobreza, com caridade, com satisfação"[4]. A vida do Estado não se faz em simbiose, mas à custa dos homens, a cuja aniquilação conduz inexoravelmente. Para Herder, e numa linha próxima de Rousseau, o Estado moderno representa, afinal, a substituição da vida pela máquina. Para o filósofo alemão "toda a perfeição humana é nacional, secular e – se observarmos com todo o rigor – individual. Nada se vai desenvolvendo sem que para tanto haja motivações próprias de uma época, de um clima, das necessidades, das circunstâncias envolventes, do destino. Separadas de

[3] Herder, Johann Gottfried, *Também uma Filosofia da História para a Formação da Humanidade*, Lisboa, Antígona, 1995 (1ª ed. 1774), p. 37.

[4] *Idem, ibidem*, p. 73.

tudo o resto, as inclinações e as potencialidades que possam estar adormecidas no coração nunca se transformam em capacidades práticas"[5].

Atacando o Estado em favor da Nação, o populismo herderiano poderá ser visto como uma forma de nacionalismo. Mas este é um nacionalismo conservador, não um nacionalismo agressivo ou expansionista, precisamente porque a consequência de um tal nacionalismo não é outra senão a exaltação da força de uma nação por contraposição e com vista ao esmagamento de outra. Neste sentido, o nacionalismo de Herder só pode ser entendido numa perspectiva estritamente cultural, e resulta, sobretudo, da sua ideia de autonomia cultural, da sua convicção de que cada cultura gravita em torno de um determinado ponto vital, ou *Schwerpunkt*: "Cada nação traz em si o centro da sua felicidade, como uma esfera traz em si o centro da sua gravidade!"[6]. Donde, só através deste centro de gravidade se pode almejar a sua compreensão. Desta construção resulta ainda que cada cultura é única, é valorizável em si mesma e, como tal, defensável por todos quantos pertençam à sua esfera. Por contraposição, a aniquilação de uma cultura, ou a uniformização de culturas originalmente diferentes, é condenável porque constitui uma perda trágica e irreparável. Cada indivíduo, tal como cada povo, deve seguir o seu próprio caminho.

O empirismo conservador conduz-nos ao pluralismo, à convivência de diferentes. O racionalismo que informa tanto o liberalismo como o socialismo conduz à unicidade, ao esvaziamento da diferença na abstracção igualitária.

## III. Contra a Fé Racionalista no Progresso

Mais concretamente, o conservadorismo afirma-se por oposição ao individualismo atomista do liberalismo e ao colectivismo que é próprio do socialismo. Mas, acima de tudo, o que distingue a posição conservadora face a estas duas grandes ideologias é precisamente aquilo que as une e identifica: o progressismo. A fé, que herdaram das luzes, no progresso, no melhorismo da pessoa e da espécie humana.

John Kekes, uma das referências filosóficas contemporâneas do conservadorismo americano, refere ironicamente que parte do problema desta "Fé", não é que seja uma fé, mas sim que seja uma "falsa fé". Falsa porque

[5] *Idem, ibidem*, p. 38.

[6] *Idem, ibidem*, p. 42.

"falsifica a realidade ao substituir por ilusões factos que nenhuma pessoa razoável pode negar"[7]. Aliás, Kekes descreve severamente esta "Fé Iluminista" como um "sonho fantástico": "É a ilusão de uma época que se estende desde Rousseau até ao liberalismo contemporâneo. É o equivalente secular à fé religiosa da Cristandade, à qual se pretende substituir. É alimentada por um optimismo infundado que substitui factos por desejos, que se recusa a encarar a realidade, ignora a história, e irradia um fervor moralista que conduz os fiéis a tratarem o desacordo como sinal de imoralidade"[8].

Esta é a ilusão que, como Michael Oakeshott bem explicou, seduziu o optimismo dos modernos reformadores secularistas, convertendo-os à "política de fé", de acordo com a qual, "a actividade do governo é entendida como estando ao serviço do aperfeiçoamento da humanidade". Política essa que é enquadrada pela "doutrina de optimismo cósmico" e que, por sua vez, é inferida do sentido universal de "perfeição inevitável". A perfeição humana é então "alcançável pelo esforço humano" e, como tal, "o homem é redimível na história". O último elemento estruturante desta "política de fé" será então a crença no governo, como o agente principal em toda esta acção conducente à perfeição: "a actividade do governo é entendida como o controlo e organização da actividade humana com o propósito de atingir a perfeição humana"[9].

É aqui que reside a principal dificuldade das ideologias herdeiras do Iluminismo – nomeadamente o socialismo e o liberalismo. Na verdade, e independentemente do rito que as distingue, ambas partilham a mesma crença na perfeição operada pela razão.

Esta seria a crença derradeira que, de acordo com Oakeshott, influenciou decisivamente o "moderno pensamento político europeu", estendendo-se "a todas as persuasões políticas" e "ultrapassando todas as linhas partidárias". Este racionalista moderno, "fortificado pela crença numa 'razão' comum a toda a humanidade" almeja à "certeza" e faz da "técnica" o seu instrumento. E, gradualmente, a influência deste "racionalismo na política" traduz "a história da invasão de cada departamento da actividade intelectual pela doutrina da soberania da técnica"[10]. Eis como, aos olhos

[7] Kekes, John, *A Case for Conservatism*, Ithaca/London, Cornell University Press, 1998, p. 84.

[8] *Idem, ibidem*, p. 211.

[9] Oakeshott, Michael, *The Politics of Faith and the Politics of Skepticism*, ed. Timothy Fuller, New Haven/Londres, Yale University Press, 1996, p. 23.

[10] Oakeshott, Michael, "Rationalism in Politics" in *Rationalism in Politics*, Indianapolis, Liberty Fund, 1991 (1ª ed. 1962), pp. 6, 16.

de Oakeshott a fé na razão, longe de nos aproximar da utopia libertadora da perfeição, acaba por encerrar o espírito humano, reduzindo-o a mero instrumento tecnológico.

Num sentido bastante próximo escreve Rorty: "há muito, muito tempo sentimos necessidade de adorar algo que se encontrava para além do mundo visível. A partir do séc. XVII tentámos substituir um amor a Deus por um amor da verdade, tratando o mundo descrito pela ciência como uma quase divindade. (...) infelizmente, o iluminismo teceu muita da sua retórica política à volta de uma imagem do cientista como uma espécie de sacerdote, alguém que alcançava contacto com a verdade não humana pelo facto de ser 'lógico', 'metódico' e 'objectivo'"[11].

Esta é, afinal, a imagem que prenunciaria a ascensão dos "modernos reformadores"[12] oitocentistas, como Comte, ou mesmo das chamadas "religiões seculares", de que Saint-Simon é um dos principais arautos, "consideradas como um substituto, nos homens racionais, para a obscuridade teológica cegamente dogmática e anti-científica do passado"[13].

Mas este racionalismo é, afinal, o veículo de "uma espécie de nihilismo acerca da natureza e do lugar que a humanidade nela ocupa"[14], impossibilitando qualquer reverência por tudo aquilo que esteja para além das fronteiras limitadas do que é estritamente o indivíduo, seja a natureza ou mesmo qualquer sentido de transcendência, nomeadamente religiosa. Nos antípodas do progressismo, a posição conservadora é tipificada por uma desconfiança fundamental perante a Utopia da promessa da libertação da necessidade pela *hubris* do conhecimento técnico. Uma desconfiança famosamente expressa pelo alerta de Heidegger: "A natureza aparece por toda a parte (...) como o objecto da tecnologia"[15].

[11] Rorty, Richard, *Contingência, Ironia e Solidariedade*, Lisboa, Ed. Presença, 1994, pp. 45, 81. Gray, John, *Beyond the New Right: Markets, Government and the Common Environment*, Oxford, Routledge, 1993

[12] Mill, John Stuart, *On Liberty*, eds. John Gray e G. W. Smith, Londres/Nova Iorque, Routledge, 1996 (1ª ed. 1859), p. 34.

[13] Berlin, Isaiah, *Rousseau e Outros Cinco Inimigos da Liberdade*, Lisboa, Gradiva, 2005, pp. 25, 26.

[14] Gray, John, *Beyond the New Right: Markets, Government and the Common Environment*, Oxford, Routledge, 1993, p. 176.

[15] Heidegger, Martin, "The Word of Nietzsche", in *The Question Concerning Technology and Other Essays*, Nova Iorque, Garland, 1977, p. 63.

## IV. Renovações Conservadoras na Segunda Metade do Século XX

Será na segunda metade do séc. XX, no contexto do pós-Guerras e de um dos mais longos períodos de paz conhecidos na Europa, que iremos assistir a algumas tentativas de reorganização do espaço conservador. Tentativas essas que se movem agora num mundo radicalmente diferente. Um admirável mundo novo onde as palavras de um Burke, de um Savigny ou de um De Maistre, ainda que sábias e inspiradoras para as hostes conservadoras, parecem já não encontrar eco em regimes que adoptaram o sufrágio universal e estão cada vez mais dominados por partidos de massas e por partidos *catch-all*, em economias que há muito abandonaram o padrão-ouro e que se encaminham para fases de desenvolvimento pós-industrial, em sociedades que abraçam modelos de *welfare-state* que transferem gradualmente as responsabilidades individuais para o Estado e que antecipam o fervilhar da revolução de costumes que contaminará as duas margens do Atlântico norte nos finais da década de 60.

Um dos novos intervenientes que disputará este espaço político será a democracia-cristã. Embora tomando como referencial doutrinário o legado multi secular desenvolvido e maturado no seio da Igreja Católica, e que aparecerá sintetizado em documentos clássicos como a encíclica *Rerum Novarum* (1891), será através do movimento sindical que a democracia cristã, de forma organizada, trilhará os seus primeiros passos na arena política, no final do séc. XIX. Mais concretamente, será na Alemanha do pós-guerra (então RFA), que se registará a história de maior sucesso da democracia-cristã, onde esta, já organizada em partidos políticos (CDU/CSU), se afirmará como força política dominante, nos governos de Konrad Adenauer (1949-63), seguido dos de Ludwig Erhard (1963-66) e Kurt Georg Kiesinger (1966-69). Inspirada na encíclica *Quadragesimo Anno* (1931) e no ordo-liberalismo, da chamada Escola de Friburgo, a democracia cristã alemã introduz na agenda política a ideia de economia social de mercado. Advogando um Estado forte e procurando mitigar o que considerava serem os excessos do mercado livre, entendido como simples *laissez-faire*, a democracia-cristã alemã assumirá uma posição mais interventiva e ordenadora do mercado, com um enfoque especial no controlo da despesa pública e na disciplina orçamental do Estado. Para muitos, esta política terá tido grande parte da responsabilidade do chamado milagre económico alemão do pós-guerra – milagre esse que viria a ser reeditado no governo de Helmut Kohl que chancelou a re-unificação alemã, em 1990.

Um outro movimento de renovação conservadora digno de nota será aquele que foi protagonizado por Harold Macmillan, líder do partido *Tory*, no Reino Unido, e primeiro-ministro em dois mandatos sucessivos: o primeiro entre 1957 e 1959, sucedendo no cargo a Anthony Eden, e o segundo entre 1959 e 1963, obtendo uma larga maioria para o partido conservador. Educado em Eton e Oxford (Balliol), herói da Primeira Grande Guerra, Macmillan integrou todos os governos conservadores, desde que para tal foi nomeado pela primeira vez pelo então primeiro-ministro Winston Churchill, em 1940. Mas é em 1938 que Macmillan publica o seu manifesto político, intitulado *The Middle Way* – num prenúncio de outras vias que virão a ser propostas na última década do séc. XX, nomeadamente por Tony Blair e Gerhard Schroeder. Neste texto, Macmillan torna claro que a sua *via média* se situa "a meio caminho entre o capitalismo livre e o planeamento socialista completamente estatista"[16]. Procurando preservar propriedade e a iniciativa privada, a liberdade individual, a concorrência e a diversidade – que toma como elementar à existência humana –, Macmillan advoga que estas não só são compatíveis, como só serão efectivamente garantidas num sistema que as combine com a presença activa do Estado como regulador e interventor no sistema económico. O que Macmillan defende, no fundo, é um sistema que dê continuidade ao que ele entende como "a evolução pacífica de um capitalismo livre para um capitalismo planeado" – seria nesta evolução que, em suma, residiriam as melhores esperanças de preservação da liberdade civil, democrática e cultural.

Mas será do outro lado do Atlântico que a renovação conservadora procurará ir mais longe – e aqui, o campo de batalha já não será travado no plano da regulação da economia mas no da regulação da moral e dos costumes. Para um largo sector da direita americana, a publicação do livro *The Closing of the American Mind*, da autoria de Alan Bloom, em 1987, traça o diagnóstico final do mal que fora prenunciado por Leo Strauss, três décadas antes. O mal traduz-se na crise de valores que permeia todo o mundo Ocidental, como um vírus que destrói as fundações da moralidade social, empurrando-nos para um abismo relativista de que já não conseguiremos escapar porque, no limite, perdemos a consciência do nosso próprio colapso moral. A fundação da república dos Estados Unidos da América repousa

[16] Macmillan, Harold, *The Middle Way: A Study of the Problem of Economic and Social Progress in a Free and Democratic Society*, London, Macmillan, 1938, 185.

numa crença fundamental: a crença de que "todos os homens nascem iguais e que são dotados pelo seu Criador de certos direitos inalienáveis". Mas quantos americanos restarão que ainda partilham hoje dessa crença? E como poderá a república americana sobreviver a esta deriva relativista? São estas as perguntas que dão o mote à publicação de *Natural Right and History*, por Leo Strauss, em 1953. Na linha prenunciada por Strauss, Alan Bloom comparava a crise de valores que a América atravessava àquela que a Alemanha sofrera nos anos 30, revelando-se incapaz de suster o avanço da ideologia nazi – de alguma forma, o sucesso do totalitarismo nazi só teria sido possível pelo esvaziamento da capacidade crítica das elites alemãs, sobretudo as intelectuais, que não souberam reconhecer a ameaça e demitiram-se de qualquer resistência digna do nome.

"A sociedade americana atravessava uma crise de valores idêntica, tornada visível na revolução social que assolara as universidades americanas na década de 60. As Universidades, que deveriam ser o bastião da cultura e da civilização tornam-se no campo de batalha da turba revolucionária: A universidade americana nos anos sessenta experimentava o mesmo desmantelamento da estrutura do inquérito racional que a universidade alemã sofrera nos anos trinta. (...) O facto de as universidades não estarem já em convulsão não significa que tenham recuperado a sua saúde. Tal como na Alemanha, a crise de valores na filosofia tornou a universidade numa presa de qualquer paixão intensa que instilasse as massas"[17].

Igualmente importantes na formação da linha neo-conservadora americana terão sido as publicações do famoso "Relatório Moynihan", em 1965, durante a Presidência de Lyndon Johnson, ou dos trabalhos de sociólogos como Charles Murray (*Losing Ground: American Social Policy, 1950-80*, 1984) ou Robert Putnam (*Bowling Alone: America's Declining Social Capital*, 1995). O traço comum a estes trabalhos traduzia-se no alerta para o fenómeno da desestruturação da família americana (biparental e nuclear) que, a prazo, ameaçava a própria estrutura da sociedade americana.

Sob a direcção de Irving Kristol, o *The Public Interest* tornou-se na publicação de referência da linha neo-conservadora – sendo posteriormente secundado pela *The Weekly Standard*, dirigida pelo seu filho William Kristol. Nestas e noutras publicações, bem como em importantes *think-tanks* (como

[17] Bloom, Allan, *The Closing of the American Mind*, Nova Iorque, Simon and Schuster, 1987, p. 313.

o *American Enterprise Institute*, o *Manhattan Institute*, ou o extinto *Project for a New American Century*), um número crescente de influentes *public intellectuals* americanos (como Brian C. Anderson, Francis Fukuyama, Gertrude Himmelfarb, Irwin Stelzer, James Q. Wilson, Leon Kass, Michael Novak, Myron Magnet ou William Bennett), começaram a engrossar as fileiras neo-conservadoras, reclamando, por um lado, o fim das políticas de descriminação positiva (como as *affirmative actions*, que vinham das campanhas pelos direitos cívicos dos anos 60) e, por outro lado, uma maior liberdade de escolha individual, sobretudo no plano económico, e uma maior intervenção do governo no sentido de promover as virtudes morais que julgavam ameaçadas. Aliás, o moralismo dos neoconservadores foi frequentemente objecto de crítica sardónica por parte de conservadores tradicionalistas que, não só mantinham a maior desconfiança perante a possibilidade e a desejabilidade de o Estado intervir em assuntos de moralidade pública, como inclusivamente atribuíam a verve moralista dos neo-conservadores ao facto de muitos deles serem recém-convertidos ao conservadorismo que não conseguiram eliminar o trotskyismo que os inebriara na juventude, durante os anos sessenta.

No quadro das políticas de educação, a campanha pelos cheques-educação (*school voucher*) ou medidas legislativas como o *No Child Left Behind Act*, levada a cabo pela administração G. W. Bush, são exemplos claros de políticas de inspiração neo-conservadora. Mas terá sido no plano da política externa, sobretudo ao olhar europeu, que os neoconservadores mais se fizeram notar, destacando-se como vozes defensoras, quando não instigadoras, da intervenção americana no Iraque. É a este grupo que se atribui a justificação moral daquela intervenção, pela necessidade de libertar o povo iraquiano de um governo tirânico e agressivo mas, sobretudo, pela necessidade, porventura ainda mais premente, de instalar naquele país um governo democrático, que servisse de posto-avançado, de farol da democracia naquela região do globo aparentemente imune ao contágio do demo-liberalismo Ocidental.

## V. Uma Crítica Conservadora ao Neo-Conservadorismo

É nesta sua faceta prosélita que o neo-conservadorismo melhor se identifica e se distingue dos conservadores tradicionais, que rejeitam qualquer familiaridade com aqueles. Os conservadores rejeitam sobretudo a pequenez e a estreiteza de vistas do moralismo *neo-con* e, em particular, não gostam de se ver associados a programas doutrinários de libertação do mundo – como, aliás, pela pena de Burke, já haviam rejeitado o moralismo do *citoyen* Robespierre, bem como as humaníssimas Declarações Universais de direitos e o fervor revolucionário com que os exércitos napoleónicos tentaram libertar os povos do mundo.

É por esta mesma ordem de ideias que, nos debates contemporâneos, os conservadores tendem a distanciar-se dos *neo-cons*. Assim, por exemplo, um dos porta-estandartes do alegado neo-conservadorismo americano, terá dito, numa comunicação ao seu *staff* no Congresso, que a sua função seria, nada mais nada menos que: "salvar a civilização Ocidental"[18]. Ora, aos ouvidos de um conservador do velho Ocidente, uma tal inflamação de proselitismo é sempre tomada com enorme receio – e, na sua essência, e por muito que isso possa transtornar os *neo-cons*, este tipo de proselitismo não é diferente do daqueles que, dos anarquistas de ontem aos islamitas de hoje, pretendem precisamente o contrário – uns como os outros são movidos por utopias, realidades imaginárias a partir das quais extraem princípios absolutos que tudo justificam.

A propósito, vale a pena recuperar aqui uma passagem de alguém que sempre temeu este tipo de discursos. Trata-se de uma passagem conclusiva da versão original do famoso "Two Concepts of Liberty" de Isaiah Berlin: "Não será necessário enfatizar o facto de que o monismo e a fé num critério único, provaram sempre constituir uma profunda fonte de satisfação tanto para o intelecto como para as emoções. Quer o padrão de julgamento derivasse de uma qualquer perfeição futura, como o fizeram os *philosophes* no séc. XVIII e os seus sucessores tecnocráticos nos nossos dias, ou estivesse enraizado no passado – *la terre et les morts* – como o fizeram os historicistas alemães ou os teocratas franceses, ou os neo-conservadores

[18] Numa comunicação à *National Academy of Public Administration*, em Atlanta, em 1992, Newt Gingrich terá dito que a principal "fraqueza" de Ronald Reagan foi "ele não ter acreditado que o Governo importava (...) O falhanço de Reagan foi ter desvalorizado grosseiramente a centralidade do Governo como o mecanismo capaz de organizar o reforço do comportamento societal". Já em 1979, numa declaração ao seu *staff* no Congresso, Gingrich declarara: "Quando digo salvar o Ocidente, é mesmo isso... É esse o meu trabalho... O meu trabalho não é ganhar reeleições; o meu trabalho não é tratar de problemas de passaportes; o meu trabalho não é fazer passar uma lei no Congresso. O meu trabalho, tal como eu o defini, é o de salvar a civilização Ocidental". Disponível em: http://www.washingtonpost.com/politics/gingrich-archives-show-his-public-praise-private-criticism-of-reagan/2012/02/15/gIQAnK6IOR_story.html (último acesso: 1 de Julho de 2012).

nos países anglófonos, ele está destinado, conquanto seja suficientemente flexível, a confrontar-se com algum desenvolvimento humano, imprevisto e imprevisível, com o qual não se adequa; e será então usado para justificar as barbaridades a priori de Procrustes – a vivissecção de sociedades humanas reais num qualquer padrão fixo, ditado pelo nosso entendimento falível de um passado largamente imaginado, ou de um futuro completamente imaginário"[19].

A crítica de Berlin é verdadeiramente radical e ampla. Ela é radical porque ataca o coração do racionalismo monista, traduzido na "fé num critério único". E ela é ampla, porque é coerentemente aplicada a todas as correntes doutrinárias que se alimentam dessa mesma fonte. E ela atinge também as três grandes correntes que informam o demo-liberalismo: o historicismo alemão, o fideísmo francês, ou mesmo, o neo-conservadorismo anglo-saxónico. Esta crítica abarca todo o espectro do "racionalismo em política" (na expressão de Oakeshott) desde a esquerda à direita.

Em bom rigor, assegura Berlin, esta tentativa de conciliar o inconciliável "tem as suas raízes (...) numa doutrina antiga, segundo a qual todas as coisas verdadeiramente boas estão ligadas entre si num todo único e perfeito; ou que, pelo menos, não podem ser incompatíveis entre si". Donde, resulta claramente "o corolário de que a realização do padrão por elas formado é o único verdadeiro fim de toda a actividade racional"[20]. Em suma, o que esta perspectiva conservadora rejeita é, nada mais nada menos que, o projecto central das luzes que é comum ao liberalismo e ao socialismo. E este projecto assenta na ideia de que para um problema haja apenas uma solução, e que para essa solução haja apenas um método e uma verdade.

É neste sentido que as diferenças entre liberalismo, socialismo, e mesmo até o neo-conservadorismo, não são, afinal, diferenças fundamentais – distinguem-se no discurso, mas confundem-se no método. Muito mais fundamental é aquilo que os une. E, o que os une é, em suma, o que os separa diametralmente do conservadorismo: essa fé inquebrantável na razão humana e no progresso e a crença num qualquer princípio ou conjunto de princípios que tomam como absolutos.

[19] Berlin, Isaiah, "Two Concepts of Liberty: An Inaugural Lecture Delivered before the University of Oxford on the 31st of October 1958", Oxford, Clarendon Press, 1958, 57 pp., p. 56. Note-se que, esta passagem não consta da versão definitiva do texto publicado no *Four Essays on Liberty*, Oxford, Oxford University Press, 1969.

[20] Berlin, Isaiah, "Introduction", in *Four Essays on Liberty*, Oxford, Oxford University Press, 1969, p. x.

## VI. Contra as Utopias da Libertação

Esta é a mesma desconfiança que foi mais recentemente recuperada por John Gray, para quem os próprios movimentos políticos conservadores mais recentes foram tomados de assalto por uma "ideologia neo-liberal" que preclude qualquer possibilidade de recuperação do antigo conservadorismo tradicionalista. De alguma forma, este discurso *neo-con* surge como um cavalo de Tróia que o neo-liberalismo tentou plantar no coração do conservadorismo, tomando-o de assalto e tornando quase impossível qualquer possibilidade de recuperação do antigo conservadorismo tradicionalista.

Contra a força da poderosa corrente posta em marcha por esta herança racionalista, Gray, um dos primeiros filósofos políticos a denunciar o discurso *neo-con*, sugere uma alternativa: a possibilidade de recuperarmos uma faceta originária das prácticas livres e próprias das sociedades Ocidentais, entretanto obscurecidas pelas luzes poderosas de um racionalismo universalista que delas tomou conta. Esta é uma proposta de "recuperação cultural"[21], não da "absurda antropologia filosófica pressuposta na teoria liberal", mas antes de instituições pluralistas, fundadas em tradições de práticas liberais, que se mostraram capazes de sobreviver ao teste do tempo e de responder de forma satisfatória às exigências contemporâneas de contextos políticos marcados pela "profunda diversidade cultural"[22]. A autoridade destas instituições e práticas advém directamente da sua capacidade de adaptação e de revisão, não lhes assistindo qualquer tipo de legitimidade ou superioridade meta-política. É neste sentido que John Gray entende que as nossas sociedades "são mesclas de convenções e práticas, e não exemplares de um qualquer tipo ideal"[23], pelo que uma tal prática liberal "não poderá ter qualquer autoridade especial mesmo para aquelas culturas em que ela é uma herança histórica"[24].

Ora, repensar o legado político Ocidental desta forma implica a sua rejeição enquanto filosofia universalizante, e a sua adopção enquanto legado histórica e culturalmente localizado. No plano da fundação das ideias, esta recentragem da política do liberalismo implica um reequilí-

[21] Gray, John, *Enlightenment's Wake: Politics and Culture at the Close of the Modern Age*, Londres, Routledge, 1995, p. 184.

[22] *Idem, ibidem*, p. 156.

[23] *Idem, ibidem*, p. 157.

[24] *Idem, ibidem*, p. 157.

brio conceptual sobre o alicerce construído por Thomas Hobbes em detrimento do projectado pelo primeiro grande arquitecto liberal: John Locke.

Mais uma vez, fica aqui bem patente, e correctamente configurado, o elemento reaccionário referido no início deste texto. Não obstante, e muito embora o conservadorismo não se possa pensar sem um elemento de reaccionarismo – que, repetimos, lhe é endémico – ainda assim, o reaccionarismo puro distancia-se do conservadorismo. E porquê? Precisamente porque o reaccionarismo puro tende a ser conotado com a expressão de uma vontade política de conteúdo positivo que se traduz num suposto regresso a um qualquer estado de coisas anterior. Neste sentido, o caminho proposto pelo reaccionário aparece aos olhos do conservador como idêntico ao do progressista – apenas os distinguem os sentidos inversos da marcha: um pretende seguir em direcção ao futuro, ou outro em direcção ao passado. Mas, para o conservador, qualquer um desses destinos não é mais que uma Utopia: uma construção positiva de um mundo ideal. Um mundo que, por definição, não existe. O passado não é mais passível de conservação que o futuro. O futuro não existe, tal como o passado não existe. Futuro e passado não são mais que representações da nossa imaginação. Só existe o presente. Só o presente é passível de conservação. Na verdade, tanto o que imaginamos ser o futuro como o que julgamos ter sido o passado, não são mais que construções ideais. A idade de ouro tanto pode ser situada no passado como no futuro.

## VII. A Concepção Conservadora do Político

Ora, o conservadorismo não trabalha no domínio do absoluto mas do contingente. Parafraseando a formulação elementar de Lincoln, o conservadorismo é, simplesmente, "a adesão ao antigo e ao experimentado, contra o novo e o não experimentado"[25]. Esta é uma definição já com século e meio, mas que se mantém inteiramente válida.

Lincoln refere-se ao que é antigo e ao que é experimentado. Ora bem, o que é importante para o conservador não é – como poderia julgar o incauto liberal ou socialista – o que é antigo. A antiguidade não tem valor por si própria. O que é valorizável, aos olhos do conservador, é a experiência

[25] Lincoln, Abraham, "Cooper Union Address", Nova Iorque, 27 de Fevereiro de 1860. Disponível em: http://showcase.netins.net/web/creative/lincoln/speeches/cooper.htm (último acesso em 1 de Julho de 2012).

adquirida. O que é antigo é valorizado precisamente porque se presume experimentado. E, mais a mais, se é antigo, e se, sendo antigo, ainda existe, então é porque sobreviveu ao maior dos testes: o teste do tempo. É neste sentido que a antiguidade é valorizável para o conservador. O que é antigo e sobrevive ao tempo é, necessariamente, algo que muda mas que mantém a sua identidade. Tal como nós, cada um de nós, mudamos e, ainda assim, não deixamos de ser quem somos – por muito diferentes que sejamos. É nesta capacidade de acomodar a unidade com a diferença que se revela, afinal, uma das maiores virtudes do conservadorismo.

O político será então perspectivado como terreno de conflito, pelo que a reflexão sobre o político deve ser orientada pela garantia da possibilidade de assumpção de posições eventualmente conflituantes e pela necessidade de estabelecer equilíbrios e compromissos entre elas. É nesta medida que os valores da liberdade, na esfera individual, e da tolerância, no plano da acção política, assumirão uma prioridade significativa numa concepção conservadora do político – que sempre tomará a diferença, e o conflito que dela pode nascer como realidade inultrapassável do que nós somos e do que o mundo é.

É sobre o reformador que recai o ónus de provar a necessidade da reforma. E esta nunca poderá ser operada de forma radical, porque a realidade será sempre mais rica que a geometria mais complexa. A reforma deverá portanto ser levada a cabo de forma parcelar e gradual, de modo a permitir que o plano se adeque à realidade – e a impedir o contrário: que seja a realidade a adequar-se ao plano.

Assim percebidas, a moderação e o compromisso não são premissas ordenadoras de um qualquer sistema utópico, geometricamente perfeito; mas também não são salvo-condutos que nos atirem para o campo anárquico da licenciosidade; são guias que resultam directamente da observação do que é o político.

As palavras de Holderlin permanecem vivas: o que sempre fez do Estado um Inferno sobre a Terra foi precisamente a tentativa do homem de torná-la no seu Céu. Longe de prometer o Céu na Terra, o conservadorismo define-se, em suma, por uma posição radicalmente cética perante as várias utopias que, quer à esquerda, quer à direita, vão alimentando os sonhos de mundos, futuros ou passados que, quando vividos no presente, tendem a revelar-se pesadelos.

## VII. Uma Defesa Contemporânea do Conservadorismo

Esta preocupação permanente com o conflito, com a necessidade de encontrar equilíbrios, esta desconfiança face aos grandes sistemas morais absolutos e universais, colocam o conservadorismo em clara rota de colisão com a formatação monológica própria das ideologias políticas nascidas do racionalismo iluminista. Contudo, aproximam-no de uma forma pluralista de pensar o mundo. É essa, afinal, a sugestão de John Kekes, que, nas últimas linhas do seu *Against Liberalism*, refere que: "a versão mais forte do pluralismo é uma forma de conservadorismo, a versão mais forte do conservadorismo é pluralista"[26].

Este será então um conservadorismo que se procura fundar na experiência, em vez de embarcar na utopia da experimentação, que se procura firmar nas fronteiras do possível, em vez de partir apaixonadamente em busca quimeras desconhecidas. Este é um conservadorismo que navega à vista, sempre e indisfarçavelmente entre as esteiras do cepticismo prudente de um Montaigne e do apelo ao compromisso e à conciliação de um Burke. Este é um conservadorismo cuja reflexão, porque orientada para a resolução de conflitos, e não pela busca de princípios primeiros, se move nos domínios do concreto e do prático, e não tanto nos do abstracto e do teorético. Pela mesma razão, o alcance das suas propostas será de âmbito local, e não global ou universal. Em consonância com estes traços, o modo de reflexão deste conservadorismo pluralista não será guiado por um espírito de inovação, mas antes por um esforço de correcção. No seu *A Case for Conservatism,* Kekes propõe que a reflexão conservadora assente em quatro grandes pilares: pluralismo, cepticismo, tradicionalismo e pessimismo.

O pilar pluralista, que serve de enquadramento geral e fundacional a esta política conservadora, brota directamente das teses avançadas em *The Morality of Pluralism.* Como resulta claro, os dois extremos que se lhe opõem são o absolutismo e o relativismo. Permitindo a apreciação contextualizada de realidades morais e políticas, embora garantindo a análise objectiva das mesmas, o pluralismo consegue superar a tensão entre estes dois extremos. Assim, os conservadores podem concordar com os absolutistas quanto à "existência de verdades morais e objectivas que todas as sociedades boas, tradições e concepções de vidas boas devem reconhecer"[27]. Porém, tal não

[26] Kekes, John, *Against Liberalism,* Ithaca: Cornell University Press, 1997, pp. 212-213.

[27] Kekes, John, *A Case for Conservatism,* Ithaca: Cornell University Press, 1998, p. 198.

impede que os conservadores possam também concordar com os relativistas acerca da "desejabilidade de haver uma diversidade generosa de valores e convenções que enriquecem as vidas humanas, embora esta diversidade seja restrita a valores secundários e a convenções variáveis que ocorrem nos níveis sociais e individuais da moral"[28]. Em suma, o conservadorismo pluralista é sensível à diversidade, mas não a concebe de forma infinita. A diversidade é um facto, mas não é um ideal, não é um absoluto, e, sobretudo, não pode ser uma desculpa para lançar um manto de dúvida e de incerteza sobre a razoabilidade e sobre a capacidade de análise objectiva de arranjos políticos, condições, tradições e concepções da vida boa.

Por seu turno, e entre as posições extremadas dos conservadorismos racionalistas e fideístas, a posição intermédia parece dever ser assumida por um cepticismo moderado. A rejeição de um racionalismo extremado decorre da rejeição da crença numa razão capaz de descobrir as "verdades absolutas e eternas", descodificando assim a "ordem moral e racional da realidade"[29]. É esta mesma crença que os fideístas afirmam, muito embora estes rejeitem a razão e depositem na fé a esperança de lhes ser desvelado o caminho para a verdade. Ora, se a utopia do sonho racionalista pode degenerar no "pesadelo da razão", a revolta fideísta contra a razão gera dogmatismo e abre as portas a quaisquer entusiasmos irracionalistas.

O cepticismo proposto por Kekes não traduz, portanto, uma dúvida generalizada e absoluta – o que implicaria a própria impossibilidade do conhecimento –, nem sequer acarreta qualquer tipo de negação da possibilidade de conhecer e avaliar realidades políticas concretas. Pelo contrário, este cepticismo diz apenas respeito à possibilidade de "deduzir conclusões políticas partindo de premissas utópicas ou metafísicas"[30]. Estes são os caminhos que o cepticismo nega e por isso defende uma via intermédia, que partirá sempre do conhecimento e da avaliação das experiências concretas de realidades políticas específicas.

Neste sentido, o conservador de Kekes, cuja postura é pautada por um cepticismo moderado, não terá dificuldade em aceitar o tradicionalismo e o pessimismo como grandes linhas orientadoras da abordagem às questões políticas e morais. O tradicionalismo emerge enquanto ponto de equilíbrio

[28] *Idem, ibidem*, p. 198.

[29] *Idem,ibidem*, pp. 29, 28.

[30] *Idem, ibidem*, p. 31.

entre as posições extremadas que defendem a sobreposição da autoridade social à autonomia individual ou o inverso. O pessimismo apresenta-se como alternativa aos optimistas, que acreditam na inexorabilidade do progresso e do perfeccionismo humano, bem como aos catastrofistas, para quem a concepção do homem como ser intrinsecamente corrupto preclude qualquer possibilidade sucesso dos arranjos políticos ou morais.

O tradicionalismo só receia a autoridade social ou a autonomia individual na medida em que uma exclua a outra. Contrariando esta visão dicotómica, o conservador tradicionalista oporá que autoridade e autonomia são interdependentes e igualmente necessárias. Para o tradicionalista, embora seja desejável o equilíbrio entre o elemento autoritário e o autonómico, o ponto de conciliação correcto entre estes dois elementos variará de acordo com as várias realidades políticas uma vez que depende do conteúdo substantivo das tradições que as informam. O elemento tradição funcionará, assim, como fiel da balança entre estes dois extremos. Isto porque, entendendo-se a tradição como o conjunto de convenções necessárias e variáveis de cada sociedade – e sendo que ela será tanto melhor quanto mais capaz for de garantir aos indivíduos as condições necessárias à prossecução de vidas boas –, ela funciona como guia e fonte de legitimação dos arranjos políticos gerados em cada sociedade. Por seu turno, a legitimidade da própria tradição é aferida em função do registo histórico que ela própria tenha produzido. A presunção, portanto, recai, não em favor de um qualquer ideal a atingir, mas em favor das tradições e dos arranjos políticos por elas gerados, que a evidência empírica demonstre terem sido capazes de tornar as vidas melhores.

Nunca existirá uma única solução absoluta para *a* vida boa. Este conservadorismo limita-se a sugerir guias de reflexão e de acção que tornem as vidas melhores, e não piores. Este processo não é, obviamente, iluminado pela fé inabalável da verdade; ele limita-se a propor caminhos, a identificar os erros e a procurar aproximar-se, falibilisticamente, do que julga mais capaz de gerar condições para a prossecução de vidas boas.

É neste quadro de possibilidade e de prudência que se revela o pessimismo que caracteriza o quarto pilar em que assenta a via média do conservadorismo de Kekes. O olhar conservador sobre a condição humana alerta-nos para a "prevalência do mal" e, como decorrência, toma em consideração a "propensão dos seres humanos para o criarem"[31]. Assim, e

[31] *Idem, ibidem*, p. 89.

recuperando o argumento de *Facing Evil* acerca da "concepção mista" da natureza humana[32], Kekes sustenta que, sendo o mal parte integrante da própria condição humana, mesmo o melhor de todos os arranjos políticos nunca o conseguirá erradicar por completo: "Qualquer arranjo que as pessoas façam está condenado a reflectir as suas propensões, e uma vez que a propensão para produzir o mal é uma delas, todos os arranjos serão sempre imperfeitos. O objectivo será então o de mitigar as suas imperfeições tanto quanto possível, nas circunstâncias históricas de sociedades particulares. (...) A condição humana não pode ser mudada; não obstante, os esforços para a tornar melhor são meritórios, ainda que os esforços sejam tão vulneráveis às vicissitudes da contingência como a própria condição humana"[33].

A conjugação do argumento da prevalência do mal com a atitude pessimista acerca da condição humana, transporta o conservadorismo, não para o cenário idílico e impossível da construção da Utopia, mas sim para o quadro do conflito de valores, para o campo do registo histórico e das experiências concretas e para o conjunto específico de convenções necessárias e variáveis de cada sociedade. É neste espírito – pluralista, céptico, tradicionalista e pessimista – que se enquadra a proposta conservadora de John Kekes. Uma proposta que, não perdendo de vista a protecção das condições necessárias à prossecução de vidas boas, entende-a como caminho e não como destino. E, neste caminho, devemos ter presente que as balizas mais seguras são as do mal. Como Kekes sabiamente refere: "O ideal de uma boa sociedade (...) é inatingível, mas ainda assim pode ser aproximado"[34].

## Bibliografia Essencial

Bloom, Allan, *The Closing of the American Mind,* Nova Iorque, Simon and Schuster, 1987;

Burke, Edmund, *Reflections on the Revolution in France,* Londres, Penguin Books, 2004 (1ª ed. 1790)

Gray, John, *Beyond the New Right: Markets, Government and the Common Environment,* Oxford, Routledge, 1993

Kekes, John, *A Case for Conservatism,* Ithaca, Cornell University Press, 1998;

Muller, Jerry Z., *Conservatism: An Anthology of Social and Political Thought From David Hume to the Present,* Pinceton, Princeton University Press, 1997;

Oakeshott, Michael, *Rationalism in Politics,* Indianapolis, Liberty Fund, 1991(1ª ed. 1962);

[32] Cf. Kekes, John, *Facing Evil,* New Jersey, Princeton University Press, 1990, pp. 124-145.

[33] Kekes, John, *A Case for...*, pp. 89-90.

[34] *Idem, ibidem,* p. 218.

O'HARA, Kieron, *Conservatism,* Londres, Reaction Books, 2011;
SCRUTON, Roger, *The Meaning of Conservatism,* Londres, Macmillan, 2001 (1ª ed.1980);
SCRUTON, Roger, *How to Think Seriously about the Planet: The Case for an Environmental Conservatism,* Oxford, Oxford University Press, 2012;
STELZER, Irwin, *The NeoCon Reader,* Nova Iorque, Grove, 2004;
STRAUSS, Leo, *Natural Right and History,* Chicago, University of Chicago Press, 1999 (1ª ed. 1953).